JN411354

오늘의문학시인선 365

# 탄천炭川을 걷는다

차승열 세 번째 시집

오늘의문학사

국립중앙도서관 출판시도서목록(CIP)

탄천(炭川)을 걷는다 : 차승열 세 번째 시집 / 지은이: 차승열. -- 대전 : 오늘의문학사, 2016
p. ; cm. -- (오늘의문학시인선 ; 365)

ISBN 978-89-5669-733-8 03810 : ₩10000

한국 현대시[韓國 現代詩]

811.7-KDC6
895.715-DDC23 CIP2016000744

# 탄천炭川을 걷는다

‖ **나의 말** ‖

# "설빔도 없이 지나간 설날처럼"

이순耳順을 지나며
손꼽아 기다리던, 결국엔
설빔 한 벌 얻어 입지도 못하고 훌쩍 지나쳐버린
설날 아침 싸한 공기를 기억해낸다
도둑으로 살지도 못했다
거지로 살고자 하지도 않았다
그저 손길 닿는 곳마다 뿌린 땀 씨로 내려
알곡은 알곡대로
쭉정이는 쭉정이대로
세월 따라 익어가겠거니
그런데 이게 무슨 해괴한 노릇인가
언제 단 한 번이라도 오늘을 꿈꾼 적 있었던가
이제는 나도 조금은 알 것 같다
아름다운 낱말만으로는 도저히
내가 살아온 날들을, 또 살아가야 할 날들을
설명할 수 없다는 것을
시를 쓸 수 없다는 것을

2016. 1 .
차 승 열

## 차례

## 제2부 | 담쟁이에게

## 제3부 | 페인트칠을 하며

## 제4부 | 세밑, 친구에게 편지를 쓰다

**제5부 | 요지경 또는 프리즘**

제1부

# 이렇게 산다, 이렇게

## 이렇게 산다, 이렇게

요즈음의 나는 철저하게
과거형이거나 과거 완료형이다

올망졸망 따라 붙던 수식구도 없다
과거 한때 있었던 또는
아직도 끝나지 않은 일들이
시간이 지나는 자국마다
오래된 페인트칠처럼 들고 일어나
바람에 날리고 있는 것이다

이따금
과거로 돌아가지 않는 몇 개의 불완전한 기억들이
형용사로
부사로
화사하게 포장되어
가정법 과거 또는 과거완료형으로 찾아오기는 한다

만약 이랬었더라면, 저러하였을 터인데, 아니
만약 저랬었더라면, 이러하였을 터인데

모든 이름은 고유명사로

모든 사물은 소유격으로
모든 비교급은 최상급으로
모든 명사는 추상명사화 되었던
그때, 부질없는 시절들

아직도 흐린 하늘을 날아가는 중이거나
황량한 사막 어디에
심연을 알 수 없는 해저 어디에
추락해 있을
비행체의 잔해들이 가끔은
역풍을 타고
역류를 타고
세월을 거슬러 떠밀려오고 있는 것이다

거기,
전도되어 버린 삶이
난파된 꿈들이
참혹한 수동태로 남아
현재형 또는 현재진행형으로 진통하고 있다

# 잊자던 날

한세상 등질 거라고
도망하듯 산문山門에 들던 날은
오월도 하순 무렵이어서
길섶마다 애기똥풀꽃 지천으로 널렸더라

잊자, 아주 잊자
똥 같은 세상
똥만도 못한 세상

오물 같은 한 생애 닫아거는 일도 숨이 차서
너럭바위에 걸터앉아 떠나온 길 뒤돌아보니
나 없는 세상에도
꽃은 피고 새는 울고

필시 나락으로 가는 이 길은
전생의 누가 물려준 길인가
내세의 누구에게 또 물려주어야 할 길인가

의지가지없는 마음 돌탑 위에 얹어놓고
어둑해지는 산길을 재촉하자니
벗어버리라고

무거운 짐 모두 던져버리라고
홀딱 벗고, 홀딱 벗고
검은등뻐꾸기* 이 산 저 산을 날며
내내 울고

* 검은등뻐꾸기 : 두견과 새. 우는 소리가 독특해서 스님들 사이에 '홀딱벗고새'라는 별칭으로 불린다.

## 아픔을 사랑하였다

침잠하는 시간의 밑바닥에
오물처럼 누워 있었네

지독한 절망에 감염된 사람들에게
희망이라는 희귀한 명약 말고는
잠처럼 잘 듣는 진통제는 없지

대체 어디서 오는 신호일까
을씨년스런 밤에 내리던 싸락눈처럼 쎄하게
신경회로를 타고 전해지는 아뜩한 이 느낌은
도무지 면역되지 않는 이 통증은

가위눌린 잠을 깨우는
낡은 괘종시계가 울고
체념으로 표백된 시간이면 어김없이
방문을 두드리는 그녀와
눅눅한 이부자리를 깔고 눕는
저 불륜 같은 사랑
오, 수없는 간통과

그녀는 나를 놓아주려 하지 않았고
그럴수록 나도 그런 사랑에 점점 길들어갔다

# 등꽃이 지던 날

아득하게만 보이던 하늘이 내려와
나를 부르던 날
보랏빛 등꽃 어지러운 길을 따라
훠이훠이 떠나고 싶었다

내게 꿈이란 허욕에 다름이 아니었다
얼마나 많은 오늘이 내일을 위해 고통 받아야 했던가
얼마나 많은 시간이 순간을 위해 사라져갔는가

너의 탄생은 축복이었으며
너의 삶은 즐거운 축제였는가

오월 어느 날, 가장 가까운 곳으로 하늘이 내려와
내게 속삭여 주던 날
일그러진 등걸처럼 내 안에 자라온 응어리들을
훌훌 벗어 던지고
조등弔燈처럼 등꽃이 지는 그 길을 따라
하염없이 떠나갔으면 했다

어디선가
해금소리 한 가락 구슬프게 울어주었으면 했다

## 화살나무

그놈이었다
무시로 시위에 살을 먹이던
허공을 가르며 기세 좋게 날아가던
종종 과녁을 빗나가곤 했던
이제는
되돌아오는 화살에 맞아
온몸을 선홍빛으로 물들이고 있는
바로 그놈

## 손 영감네 고욤나무

에이 잡놈
씨알 굵은 감이나 열릴 것이지

해거리를 하는지
작년 한 해 잠잠하더니만
올해는 가지가 찢어지도록
다닥다닥 매달려서는
난리도 아니라니까

미련 맞은 놈
씨 좋은 놈과 접이나 붙을 일이지

아무리 실눈을 뜨고 쳐다봐도 떫은 맛
살집도 없는 것이 씨는 잔뜩 들어가지고는
꼴에 또 감나무 행세를 한다니까

딱한 놈
소슬하니 가을녘엘랑
탐스런 홍시로나 익어갈 일이지

## 한가위

산 구릉을 밀며 두둥실 떠오르던 달은
백화점 대형 플래카드마다 실크인쇄로 박혀
귀향으로 텅 빈 거리를 비추다

초가지붕 위에 박꽃처럼 피어나던 달은
아직 수북하게 쌓여 있는 명절용 선물세트와
물러 못쓰게 된 과일상자를 비추다

중천에 떠올라 온 동네를 굽어보던 달은
붐비는 귀성차량 사이를 비집고 무단 횡단하는
등 굽은 할머니의 손수레를 비추다

문풍지에 스미던 떡가루처럼 하얀 달은
신문지를  이불삼아 덮고 누운 노숙자의
술 취한 잠을 비추다

그밖에 유래를 알 수 없는 달은
잦은 비와 태풍으로 폐농이 되어버린 들녘과
IMF 때보다도 더하다는 재래시장바닥과
평당 수천만 원을 웃도는 재개발 아파트 현장
산더미처럼 쌓인 폐 콘크리트를 비추다

비구름 사이로 빠끔히 얼굴을 내밀던
조신한 달빛은
켜켜이 쌓이는 한숨과 시름을 달래기에
적당하였으나

## 블록을 가지고 놀다

종일 배를 깔고 엎드려
블록을 가지고 놀다

네모, 세모 그리고 원 모양으로
간단하게 정의된 세상은
권태롭기까지 했는데

조립과 분해를 거듭할수록
점차 익숙해지는 손끝에 잡히던
낯선 이물감

이건 내 손, 아니 네 손
저건 내 꿈, 아니 네 꿈

더 이상 통증은 없었다
상처는 또 다른 블록으로 만들어져 있어
간단한 교체 작업만으로도
언제든 치료될 수 있었으므로

# 그 남자의 다이어리

새도 날지 않았다
누가 저 시린 하늘에
날개를 펼칠 수 있으랴

꽃 한 송이 피어나지 않았다
지천으로 피어나
뜨락에 어지럽던 꽃잎

풀벌레 울음도 사라지고
몇 날 쓸쓸한 가을밤을 밝히던
단풍나무도 이젠
불을 끄고 누웠다

가끔씩 비명을 지르며 달려가는 바람과
찬비에 떨어지는 낙엽과
가시덤불로나 남은 추억과

불면하는 밤을 지키던 그 남자의 창문에는
햇살 한줌 찾아오지 않았다

## 11월, 은행잎

마치 꾹꾹 눌러 참고 있던 울음 같아
그러다 한꺼번에 터지던 눈물 같아
미처 훔칠 사이도 없이 후두둑 떨어지던 눈물방울 같아
실컷 울어 개운해진 속내 같아
멀리 달아나지도 못하고 오로로 쌓이던 슬픈 기억들만 같아

## 귀뚜라미가 운다

귀뚜르르 귀뚜르르
하필이면 옹색한 쪽방에 들어
가으내 울더니만
동지 지나 날씨 제법 매큼한 한겨울에도
헛나이만 먹어 어두워진 귓속에
귀뚜라미가 운다
다 그런 거라고
다 그런 거라고

귀뚜르르 귀뚜르르
잠시 잠깐 왔다가는
이명耳鳴인 줄로만 알았더니
요즘 들어 부쩍 심신이  허약해진 탓인가
몸 구석구석을  비집고 들어와
귀뚜라미가  악을 쓰고 운다
이게 바로 인생이라고
이게 바로 우리네 삶이라고

# 암사동 선사주거지*에서

이제 주린 배를 채우기 위해
짐승이나 물고기를 좇아
하루해를 보내지 않게끔 되었다
잘 익은 열매를 따기 위해
계절을 기다리지 않아도 되게끔 되었다

예리한 창과 돌도끼를 거머쥐고 달리던
푸른 들판과 숲을 넘겨주는 조건으로
호사를 즐기게 된
나는 원시 부족의 족장쯤

가죽 소파에 비스듬히 기댄 채로
리모컨을 누르면
초단파 또는 극초단파로 날아와
요술램프의 거인처럼 머리를 조아리는
전자밥솥, 전자레인지, 세탁기, T.V, 오디오, 무선전화기
수많은 피조물들과
오, 신을 닮아가는 위대한 컴퓨터

어쩌면 나는 신문명에 무장해제당하고
지독한 이기심에 감금당한 채 살아가야 하는

가엾은 종족의 타락한 전사쯤

먼 훗날 고고학자들은
매몰된 쓰레기더미 속에서
비극적인 삶의 현장을 발굴해 낼 것이다
탐욕으로 비대해진 두개골은
네안데르탈인의 왜소한 그것과 함께
박물관 깊숙한 곳에 전시될 것이다

안내문을 붙여놓는 것 또한 잊지 않을 것이다
현생 인류의 돌연변이성 진화에 대하여
갑작스러운 몰락에 대하여

* 암사동 선사주거지 : 서울 강동구 암사동에 위치한 신석기시대 집단 취락지역으로, 1925년 대홍수 때 발견되었다.

# 복자기나무 아래서

– 시인 용헌을 떠나보내다

사흘 밤낮을 충혈된 눈으로 달려와
겨우 다다른 종착역
기나긴 겨울로 가는 마지막 차편에
너를 실어 보내고, 나는
가으내 붉은 울음 울었을 복자기나무 아래 앉아
이제는 다시 만날 수 없는 얼굴을 생각하며 울었다
떠나가는 이들과 배웅 나온 이들로
북적이는 대합실
어떤 이들은, 떠난 사람은 떠났으니 그만이라고 하고
또 어떤 이들은, 산사람은 살아 있으니 어쨌든 산다고 하고
그러나 대체 무슨 소용이란 말인가
이미 놓쳐버린 기차인걸
다시는 돌아오지 못하는 단선 철길인걸, 나는
묵은 잎새를 떨구지 못하고
겨울나기를 하고 있는 복자기나무 아래 앉아
주인을 잃어버린 쓸쓸한 이름을 부르며 울었다
다시는 못 볼 줄로만 알았던 네가 저 만큼에서
한 줌 재가 되어 껄껄껄 웃고 있는 것을 알지 못하고

# 24시 뼈다귀해장국집을 나서며

아직도 속이 쓰리다
갱도로 치면 막장 어디쯤 되는 후미진 골목길
맛난 부위는 솜씨 좋은 칼잡이 손에 발라져
저잣거리로 팔려나가고
비육으로 불린 몸무게를 지탱하고 있었을
힘겨운 등뼈 한 덩이 펄펄 끓는 가마솥에서
하루 종일 고고 또 고아지고 있느니

여간 섬뜩한 일이 아니다
시름을 안주 삼아 마신 깡술로 해어진 속을
죄 없는 짐승의 뼈를 우려낸 진국으로 달래는 일이
군더더기로 붙어 있는 살점 요리조리 발라내어
허기진 속을 게걸스럽게 채우는 일이

생각해보면 웃기지도 않다
우리 같은 허접쓰레기 인생도
흐물흐물해진 뼈다귀탕에 매운 고춧가루 팍팍 풀어가며
여전히 포식자의 가장자리를 지키고 있음이
잇새에 낀 성가신 찌꺼기들
이쑤시개로 후벼 퉤퉤 뱉어내며
24시 뼈다귀해장국집을 나서고 있음이

# 아이야, 아빠는 유목민으로 살았다

어디로 가야하니, 아이야

보드라운 풀밭을 찾아 헤매었다
허름한 천막을 짓고
염소 떼를 풀어놓을
나지막한 산구릉이면 하였다

독풀이 무성한 음습한 골짜기를 지나
풀 한 포기 나지 않는 황량한 사막을 건넜다
아득한 지평선 너머 신기루를 좇아
바람처럼 달려도 보았다

하지만 어쩌겠니, 아이야

전갈처럼 독을 품어도 보았으나
제 살만 찔려 퍼렇게 썩어드는 상처를 안고
뜬눈으로 밤을 지새우기도 하였다
굶주린 늑대의 울음소리를 들으며
모래언덕에 뜨는 추운 별들에게
갈 길을 묻기도 하였다

이제 어디로 가야 하니, 아이야

낙타가 길을 재촉하는구나
처랑한 방울 소리를 내는구나
또다시 천막을 걷고
황량한 사막 어딘가에 숨겨져 있을
오아시스를 찾아
떠나야 할 때 되었나 보다

# 서울갈매기

어디서 날아왔느냐
날 저무는 강둑에 잠시 날개를 접고
지는 해를 바라보는 새여

하늘 높이 날아야 한다던 어미 새의 당부를
온몸으로 날아 보리라던 어린 새의 다짐을
이제는 잊었다더냐

참 많은 날들을 날아 여기까지 왔다
무작정으로 바다를 떠나와
쉬어갈 모래언덕도 갈대숲도 없는 황량한 도시를
닳고 닳은 꿈 하나로 날며 여기까지 왔다

하지만 어쩌랴
이제 남은 시간 떠나보낸 시간보다 짧고
가야 할 길 지나온 길보다 더 멀고 험할 것을

어디로 날아가려느냐
가로등불 달맞이꽃처럼 피어나는 해 저문 강변을
지친 날개를 퍼덕이며 날아가는 새여

## 빙의憑依

내 안에 누가
살고 있는 게 분명하다
꿈꿀수록 좌절해야 했으며
행복을 간절히 소원하였으나
불행하였다

나 아닌 누가
나의 삶을 살고 있는 게 확실하다
몸 바쳐 사랑하였지만 이별하였고
미워하지 않으려 했지만 미워하였다

결국 나는
나의 몸을 빌려 쓴 누가 살라는 대로 살았다
진실을 보았으되 거짓을 보았다고 하고
천사를 보았으되 악마를 보았다고 하고

누구였을까
내 삶을 무단으로 침범하여
나의 인생을 분탕질하던 그는

# 판소리로 듣는 가을

바람은 소리꾼이 되어 목청을 돋우고
고수鼓手인 듯 해묵은 느티나무
추임새도 잊고 그 소릴 듣네

이제 그만 자진모리로 산을 넘으라 할까
이제 그만 휘몰이로 강을 건너라 할까
굽이굽이 서린 한 아니리로 들려 달라 할까

오, 예쁜 꽃잎이지 못하고
오, 아름다운 열매이지 못하고
허공을 떠돌아 마침내 흙으로 돌아가는

이제 그만 장구를 치라 할까
이제 그만 더덩실 춤을 추라 할까
윤회輪廻의 고리를 벗어 몸 가벼워진 영혼들
만가輓歌를 불러 달라 할까

## 낮달

나는 당신이 꺾어버린 꽃잎이요
나는 당신이 놓쳐버린 나비요
나는 당신이 밟아버린 애벌레요
나는 당신이 부러뜨린 크레용이요
나는 당신이 들여놓은 꽃신이요
나는 당신이 날려버린 꼬리연이요
나는 당신이 흔들어주던 손수건이요
나는 당신이 부치지 못한 편지요
나는 당신이 불태우고 남은 삭정이요
나는 당신이 잃어버린 당신의 당신이요

# 때 이른 봄날에 봄꿈을 묻다

정월도 대보름께 하도 볕이 좋아 웅크린 겨울잠 털고 서둘러 꽃잎을 열었더니 입춘立春도 추위 중에 추위라 가시바람 꽃술에 아리네. 우수 경칩에 장독 터진단 말 익히 들었거니 고샅에 부는 봄바람은 어찌 저리도 맵고 사나운고. 꽃잎마다 흉한 얼룩이 들어 안타까이 여린 꽃대를 꺾네. 하기야 이른 봄날이면 도지고야 마는 지병持病이었네. 봄볕 치는 자리마다 열독熱毒이 스며 부스럼으로 피어나는 도무지 원인을 알 수 없는 원인불명열原因不明熱은 아마도 계절보다 먼저 봄을 탐한 천형天刑인 것만 같아 아직 찬 기운 가시지 않은 들판에 슬픈 봄꿈을 묻네.

# 뻐꾸기, 오목눈이 둥지에 알을 낳다

잎사귀도 꽃으로 피는 오월 숲속에 뻐꾸기 소리 심산하다. 봄볕에 취해 해종일 숲속을 날며 서로 희롱하더니 웬걸 저 뻐꾸기 오목눈이 둥지에 도둑처럼 숨어들어 알을 까는구나. 모름지기, 기만欺瞞이 진실을 가리는 누추한 솜이불이기는 하다. 약탈掠奪이 탐욕을 채워주는 가장 저렴한 방법이기는 하다. 더욱이 이 세상은 교활한 자들의 것에 다름이 없으니, 그게 진화의 법칙이니. 그러니 가여운 오목눈이 탁란托卵으로 자손을 퍼트려온 뻐꾸기 음흉한 피를 어찌 당할 수 있을 텐가. 포란抱卵의 꿈에 들떠 바지런히 잔솔가지 사이를 나는 어리석은 오목눈이의 어이없는 봄을 아는지 모르는지 소름끼치는 뻐꾸기 노랫소리로도 오월 산 빛은 날로 푸르러만 가더라니.

## 뻐꾸기, 오목눈이 둥지를 날다

봄날도 아흐레면 바윗돌에도 새싹이 돋겠다. 하물며 오목눈이 포근한 둥지 속에 뻐꾸기 알이야. 그런데 아뿔싸, 어린 뻐꾸기 놈 하는 짓 좀 보게. 남의 둥지에 의탁하여 세상에 나온 놈이, 부리에 아직 노란 칠도 벗겨지지 않은 놈이 힘없는 오목눈이 새끼를 자빠뜨리고 밀치더니 끝내 둥지 밖으로 떨어뜨리고 마는구나. 약육강식이 이 땅을 살아가는 모든 생명체 간에 맺은 밀약이기는 하다. 자연의 순리라는 미명하에 저질러진 불평등 조약이기는 하다. 그게 변함없는 생존의 법칙이니. 그러니 부실한 제 한 몸 돌보지 않고 먹이를 물어 나르는 저 허재비 같은 오목눈이를 어찌할꼬. 실하게 자란 뻐꾸기 새끼 오목눈이 애타는 부름에도 아랑곳하지 않고 비좁은 둥지를 박차고 날아올라 한껏 짙어진 오월 숲 속으로 휑하니 날아가 버리더라니.

제2부

# 담쟁이에게

## 뒤늦은 위문편지

여기 어디쯤이었다
애기봉으로 대청봉으로 일찌감치 찾아온 겨울이
수은주를 사정없이 끌어내릴 때쯤이면
우리는 얼굴도 모르는 군인 아저씨께 위문편지를 썼다

“용감한 국군장병 아저씨께
눈보라가 휘몰아치는 일선에서 또는
멀고 먼 열대의 나라 월남 땅에서
자유와 평화를 수호하기 위해 얼마나 수고가 많으십니까?
저희들은…”

학창시절 내내 판 박음질해야 했던 위문편지들이
내가 아저씨라 불렀던 나이를 지나
성가시기만 했던 얼룩무늬 예비군복도 민방위 모자도
벗어버린 지 꽤 오래된 지금
옛 주소를 찾아 반송돼 오는 것은 왜일까

위문편지 속의 용감한 아저씨처럼
눈보라가 휘날리는 휴전선도 아닌
뜨거운 태양이 작열하는 월남 땅도 아닌
그동안 숨죽이며 살아온 생활전선에서

나는 뒤늦은 답장을 쓴다

“보내준 편지 잘 받아 보았단다
아저씨는 염려 덕분에 건강하게 잘 지내고 있단다
아저씨는…”

돌이켜 보면 전쟁도 혁명도 감히 꿈꾸지 못하고
그저 맵기만 했던 시대의 뒷골목으로 해서
구차한 삶을 살아온
아, 가여운 나의 국군 아저씨께

전선은 여전히 엄동설한
노병은 피아를 식별할 수 없는 적과 대치 중
식량도 탄약도 사기도 점점 떨어져 가고
차마 말로는 전하지 못하고
유서로나 남겨 두어야 할 한 많은 사연이
싸르륵 싸르륵
이 풍진 세상에 싸락눈으로 날리고 있다

# 메리 크리스마스

여 이, 루돌프
산타는 어디 계신가

정말 어디로 갔을까
함박눈 하얀 언덕
별빛 쏟아지던 교회당

금가루가 뿌려진 카드 한 장만으로도
가슴 설레던 축제의 뒤안길로
빈 썰매는 요란한 방울 소리를 울리며 지나고
이내 정적으로 돌아서는
고요한 밤, 거룩한 밤

대체 어디로 갔을까
밤새 소복한 눈길을 달려
한 아름 선물 보따리를 실어오던 나의 산타는
온몸에 불을 켜고 창가를 지키던
나의 크리스마스트리는

낡은 세월 저편으로 카드에 적어 보내는
Marry Christmas and
Happy New Year

# 가을 사과

잘 익은 사과 한 입 깨물어 본다
하얀 속살에 묻어나는 지독한 입 냄새
잦은 비바람에도 여린 꽃잎들
수고로움만큼 자라
단내 나는 열매로 실하게 여물었거니
나는 궂은 세월
탐욕의 이빨을 세워
악취 나는 꿈들을 좇았구나
수런대는 과목들 사이로
낙과落果처럼 저녁 해는 떨어지고
아, 부끄럽게 타는 저 산 노을
이제 곧 겨울이 오리라
나는 또 아픈 나이테를 안고 떠나야 하리라
외롭고 쓸쓸하리라
춥고 두려우리라
시련의 계절로 가는 용서 없는 그 길은

## 쓰레기 종량제

가급적 작게
젖은 쓰레기는 말려서
공인된 비닐봉지에
재활용품은 분리해서 수거함에
그렇지 않으면 백만 원 이하의 벌금

그렇다면 이를 어찌한다
운 좋게도 그나마 차지할 수 있었던
명예와 권력과 부의 부스러기들은
발로 꽉꽉 밟아서 아주 작게
실속 없었던 땀방울들은
마른 수건으로 닦아서 보송보송하게

그밖에
부서진 스티로폼 조각처럼 어지럽게 나뒹구는
상처받은 사랑
부서진 꿈
미처 다 쓰지 못한 세월의 빈 용기
그런 것들도 폐기용품으로 분류해야 하는가

재활용품보다 폐기용품이 더 많이 쌓여가는

내 삶의 야적장
힘겹게 살아온 세월의 무게도
그나마 골동품처럼 간직하고 있는 추억들도
악취 나는 쓰레기차에 실어 보내야 하는가
특별 감가상각된 세월이라니
삶의 비경제라니

이제 과연 무엇이 남았는가
쓰레기봉지에 담아 버릴 수도
재활용품 수거함에 넣을 수도 없게끔
아직도 주술처럼 나를 불러 세우는
얄궂은 희망 따위

받고 태어난 모든 것
아끼고 가꾸어온 모든 것들
후미진 곳 어디에 슬쩍 던져버리고
홀연히 떠날 수도 없게 나를 붙잡는
고약한 쓰레기 종량제여

## 불안한 성감대

그 시절엔 부질없는 꿈만으로도
나의 배는 불렀더라
아내의 장바구니에 담겨오는
계란 한 줄 자반고등어 한 손만으로도
열 바구니 스무 바구니
젊은 날 푸른 밤은 외려 짧아
육신과 영혼의 허기를 채웠느니
뜨거운 열정도 사라지고
감성도 오만도 사라지고
석회질 뻣뻣한 세월만
관계의 거미줄에 걸려 파닥이는
육십 대에는
이제 무엇으로 살아가야 하나
오해도 증오도 허세까지도 쇳물처럼 녹여주던
뜨거운 용광로를 잃어버린
우리들의 서늘한 잠자리는
무엇으로 불을 지펴야 하나
요즈음엔 정말이지 올라가기가 겁이 난다
불면이 불면을 부르는 밤
밤새 고개 숙이던 나의 성감대여
젊은 날에는 혈기에 들떠

먼 바다를 떠돌았거니
오, 이런 언제부턴가 나는
번식을 끝낸 연어처럼 자꾸만 졸리다
이러면 안 되는데
아직 안 되는데

# 왕십리往十里 곱창집에서

"살아있으니 또 만나는구먼"

십 수 년이 흘러서야 겨우 우리는 만났다
십리 밖 화사한 도성의 불빛
별로 변한 것 없는 왕십리는 여전히 컴컴하고

"그래, 그동안 어찌어찌 지내셨는가?"

반가운 인사처럼 몇 차례 술잔이 오가고
화롯불에 오른 곱창처럼
꼬득꼬득 해져 가던 우리들의 해후는 그러나
감격스러움도 잠시
힘겹게 살아온 세월 쌓여온 설움에
점점 최루성 영화가 되어갔다

"그동안 어디 있었어요?
어렵고 힘들 때 어디 있었어요?"

그건 닳고 닳도록 써먹은 나의 대사이기도 해서
나는 아무 말도 하지 못하고
나잇살 많다는 이유 하나로
죄 없는 술잔만 죽이고 있었다

"그러는 자네는 어디 있었나?
우리는 모두 어디에 있었나?"

술김에 나도 그만
대사를 잃어버리고
배역조차도 잃어버리고
들어주는 이 없는 텅 빈 객석을 향해
술주정을 핑계 삼아 항변해 보기도 하였다

열심히 살아보자고, 살다보면
모진 아픔도 정이 들어서 아름다움이 되더군
대본에도 없는 대사들을
함부로 떠들어대고 있었다

새벽녘이 다 되어서
고주망태가 되어 곱창집을 나온 우리는
겨우 십리 밖, 막 잠깨어나는 거대한 도심을 향해
참고 있던 오줌부터 갈겨댔다
분명한 NG였다
오줌줄기를 따라 누런 아침은 찾아오고 있었고

## 대천 행大川 行

– 친구들과 1박2일 여름휴가

친구를 만나러 가는 길은 먼 법이 없다는데
왜 이리도 멀다더냐 대천大川으로 가는 길은
열여덟 살 홍안의 소년들은
쉰여덟 살 애늙은이가 다 되어서야 겨우
바다를 찾았다

(고등학교 졸업을 앞두고, 우리는
근사한 추억거리를 찾고 있었고, 당시로써는
엄두 내기도 어려운 대천바다를 다녀오자고 했었다.)

강산이 네 번이나 바뀌는 동안
파도는 몇 번이나 밀려왔다 밀려갔다더냐
노을은 몇 번이나 서쪽 하늘을 붉게 물들였다더냐
그러나 살가운 건 마음뿐이어서
대화는 그리움만큼 깊어지지 못하고
이따금씩 횟집 유리창 너머로 끝 간 데 없이 펼쳐진
수평선을 부럽게 바라보고는 했다

아이들은 아직도 학교에 다니고…
아픈 데는 없고…

난 데 없는 명퇴 바람에 떠밀려 일찌감치 직장을 나온
친구들과 뜨막한 대화는 숫제
회상조에 말없음표가 붙어 나오고, 우리는
상에 올라온 물 좋은 횟감을 안주 삼아
쓰디쓴 소주잔만 자꾸 들이켰다

(밤이 출렁출렁 깊어갈 무렵, 일행은
술 취한 발걸음으로 해변을 따라 무작정 걸었다.
빈병에 담아 띄워 보낸 어린 꿈들은 아직도
푸른 바다 위를 떠다니고 있을까?)

앞으로 자주 만나 세나
그러 세나, 우리가 만나면 몇 번이나 더 만나겠나
날이 밝자 우리는 아침바다를 배경으로 기념사진을 찍고
마치 약속이나 한 듯이 각자 삶의 주소를 향해
뿔뿔이 흩어졌다

(돌아오는 길에 방향이 같은 몇몇 친구들은 갑사에 들러
대웅보전 허름한 단청 앞에서 기념사진을 몇 장 더 찍었다.)

# 청계천 벼룩시장에서

눈에 보일 듯
손에 잡힐 듯
봄 햇살 곱살스럽게 퍼지는 날엔
청계천 벼룩시장*에나 나가볼까

가까스로 동대문 지하철역에서 내려
청계천을 따라 걸으면
이제는 천덕꾸러기가 되어버린 고가 밑
주인을 잃어버린 물건들
봄풀처럼 옹기종기 모여 앉아
새 주인을 기다리고 있어

누구와 새긴 언약이었을까
예쁜 꽃반지도 보이고
치렁한 머리칼을 여며주던 머리핀엔
진달래꽃도 붉게 피어있어

붐비는 기억에 떠밀려
발길 뜸한 골목 안으로 들어서면
주인 없는 빈 좌판엔
밤새 글을 닦았으나 부치지 못한 편지도

해사하게 웃으며 날 반기고 있어

이별도 사고 싶습니다
눈물도 사고 싶습니다
할 수만 있다면, 무작정 그리운
그 시절 빛바랜 사진도 구해서
봄볕 치는 창가에 걸어두고 싶습니다

간밤 봄비 내려 황사 걷히고
먼데 기억들 파릇파릇 움 돋는 날
세월을 거슬러 다시 그 길을 걸으며

* 청계천 벼룩시장 : 청계천 복원사업(2003년 7월 1일 ~ 2005년 9월 30일)으로 사라진 서울의 명물 중 하나로, 주말이면 청계천을 따라 성시를 이루었다.

# 빙어회를 들다

청평사에서 부처님을 뵙고 오는 길에
포장마차에 들러 소주잔을 기울이기로 한다

빙어회를 내왔다
여름 내 깊은 물속에서 살다가
다른 물고기들이 동면하는 겨울철이면 제철을 만난 듯
수면으로 올라오는 까닭에
얼음낚시에 그만이라는 놈들은

아이러니한 저들의 운명을 아는지 모르는지
비좁은 그릇 속에서도 착하게 헤엄치고 있었다

깨끗한 찬물에서만 사는 별난 어종이어서일까
투명하게 내비치는 놈들의 생애가
잠시 은빛으로 반짝이고

나는 포장마차 주인이 일러주는 대로
단말마 하는 그놈을 초고추장에 찍어 입에 넣었다
과연 비린내도 없는 것이 담백하니 입안에 씹혔다
소양호 매운바람이 뺨을 세차게 때리고 지나갔다

# 떡국을 먹었다

또 한 살을 먹었다

고사리 같은 손으로 나이를 꼽아보던 때가
바로 엊그제 같은데
양 손으로 여섯 번을 헤아리고도
우수리로 둘이나 남다니

이상하다
먹을수록 아랫배에 그득해야 할 포만감이
외려 공복에 속쓰림으로 찾아오는 것은

정말 싫다
설날 아침이면 상머리에 둘러앉는 일이
쫄깃쫄깃한 제 맛을 잃고
퉁퉁 불어버린 떡국을 입안에 욱여넣는 일이
내 맛도 네 맛도 아닌
세월만 축내고 있는 일이

내 나이 벌써 예순 하고도 둘
시속 62km
슬슬 가속도가 느껴지는
차창 밖 풍경이 어지럽다

## 담쟁이에게

희망은 마약이다
네가 힘겹게 고목 등걸을 타고 올라
절망의 벽에 부딪힐 때마다
희망은 까마득한 곳에 또
마지막 잎새를 매단다
하지만 속지 마라
하면 된다는 사탕발림에 넘어가지 마라
우리가 차지할 수 있는 밥상이란
그리 많지 않다
확률 없는 게임에 빠져들지 마라
해피 엔딩으로 끝나는 추억의 영화처럼
모두가 주인공일 수는 없다
더러는 조연이 되고
거의 대다수는 들러리일 뿐이다
울지 마라 담쟁이야
인생은 그런 것이다
꿈에 취하고 세월에 속아 살아가는 것이다
원망하지도 마라
삶이란
너의 지난여름처럼
앙상한 흔적만을 남기고

홀연히 사라져가는 것이다
그러니 희망이라는 분홍빛 알약에
중독되지 마라
온몸으로 그려놓은 고단한 삶의 무늬만으로도
한겨울 풍경으로는 아름답지 아니한가
다만, 의연하게
주어진 삶을 살 뿐이다
나의 길을 갈 뿐이다

## 무위사無爲寺* 입구

너덜겅 겨우 지나
무위사 오르는 길

해어진 장삼
빈 바랑
서럽구나 허수아비

지킬 것도 좇을 것도 없는
철 지난 다랑논 가에
산바람이 흔드는 깡통 소리 목탁 삼아
반야심경을 외시는가

색불이공 공불이색色不異空 空不異色*
색즉시공 공즉시색色卽是空 空卽是色

낡은 삿갓 뒤로 잠시
광배光背로 빛나는 늦가을 햇살

* 무위사無爲寺 : 내 인생의 행로에 서 있음직한 상상의 절.
* 색불이공色不異空 공불이색空不異色… : 반야심경般若心經에 나오는 부처님 말씀으로, 물질이 공과 다르지 않고 공이 물질과 다르지 않으며 물질이 곧 공이요 공이 곧 물질이라는 뜻.

# 입동立冬

점묘파 화가들의 화랑으로 들어선다
회랑에 부는 바람이 여간 맵지 않다
싹을 틔우고 줄기를 내어
나름 몸을 지니고 살던 것들이
삶의 끈을 내려놓고
다시 처음 자리로 돌아가려는 즈음
가지에 매달려 안달하는 어린 잎사귀들과
질긴 인연을 끊으려 악다구니하는 모진 바람과
때론 행복으로, 대개는 불행으로 뒤엉켜
정답던 이웃들이
점점이 사라져가는 슬픈 풍경화
아주 오랜 세월을 돌아
우리 다시 만날 수 있을까
그러면 너는 내게 인사를 건네 올까
회랑을 한 바퀴 둘러보고 나서는 길
철 이른 눈발이 날린다

# 늦눈

봄밤 그것도 오밤중, 느닷없이 찾아온
아주 오래된 친구를 만난다는 것

나이보다 훨씬 늙어버린 친구에게서
이젠 까맣게 잊혀진 고향소식을 듣는다는 것

과수원집 착한 박 씨 아저씨도 돌아가시고
생선도가집 억센 성남이 아주머니도 돌아가시고

살구나무집 예쁜 순례는 시집가서
아이를 낳다 죽었다는

슬픈 동화를 읽어주는 친구의
희끗희끗한 머리칼을 아프게 바라본다는 것

# 하늘에 사는 새, 알바트로스

"하늘의 뒤편을 훔쳐본 사람들은 결코
땅에 머물지 못한다" - C. 보들레르

무엇을 보았느냐, 알바트로스여

눈이 부시더냐, 저 하늘은
어둡기만 하더냐, 이 땅은

천형天刑의 날갯짓
정처 없는 나그네새가 되어
먼 바다를 떠도는 외로운 새여

하늘을 보았으되 노래하지 못하고
땅을 보았으되 내려앉지 못하고

'팍팍 괏괏 파앗파앗' 길짐승처럼 울며
유배流配의 하늘을 나는
가여운 새, 알바트로스여

# 탄천炭川*을 걷는다

지치고 힘겨운 날에는
탄천炭川을 걷는다

저녁 안개 찬찬히 풍경을 묻는
천변을 따라 걸으면
철이 바뀌어도 돌아가지 못하는 물오리떼
푸드득 날고
물때 낀 돌 틈 사이를 헤엄치는
숨 가쁜 피라미떼
탁한 강물에 몸을 의지해 살아가거니

억센 갈대숲 너머
검정 숯을 씻는 누가 있어 탄천炭川이라 했는가
삼천갑자三千甲子를 살아도 떨치지 못할
근심 걱정, 그 누가 강물에 씻고 있는가

씻고 또 씻은들 하얀 숯이 될까마는
오가는 세월의 강가에 서면
세파에 찌들어 숯덩이처럼 까맣게 타버린 가슴도
빛나는 상처가 아니던가

하릴없는 날에는
여남은 별 흐린 눈을 씻고 나와 갈 길을 묻는
탄천炭川을 걷는다
걷고 또 걷는다

* 탄천炭川 : 경기도 용인시·성남시, 서울특별시 강남구·송파구를 흘러 한강에 유입되는 강. 아주 먼 옛날 옥황상제가 삼천갑자를 산 동방삭이 죄를 짓고 이 하천 근처에 숨어 산다는 것을 알고 그를 잡기 위해 사자를 시켜 숯을 씻도록 하였다. 마침 그곳을 지나가던 동방삭이 이 광경을 보고 하도 이상하여 "왜 숯을 물에 씻고 있느냐"고 물으니, 사자가 대답하기를 "검은 숯을 희게 하려고 씻고 있다"고 하였다. 그러자 동방삭이 크게 웃으며 "내가 지금까지 삼천갑자를 살았건만, 당신같이 숯을 씻어 하얗게 만들려는 우둔한 자는 보지 못하였다"라고 하였다. 이에 사자는 이 사람이 동방삭임을 알고 그를 사로잡아 옥황상제에게 데리고 갔는데, 이때부터 이 하천을 '탄천', 우리말로는 '숯내'라고 불렀다고 한다.

## 땅끝마을*에서

시린 남도 땅 돌아
발길 멈춰서는 곳
사자봉 올라 다도해多島海 바라보니
유배의 길 아직 멀다

하늘이 어디멘가
바다가 어디멘가
돌아보면 땅길 천 리
아픈 발자국만 수북한데

가느냐 오느냐
뱃길 막아서는 섬 사이
갈매기떼 무심코 날고
오갈 곳 없어 캄캄한 세상에도
날은 저무는가

"아, 땅의 시작, 희망의 땅끝"
지친 발 끌며 먼저 다녀간 누가 있어
마음을 다잡는다

* 땅끝마을 : 전라남도 해남군 송지면 송호리에 위치한 한반도 최남단 마을. 마을입구에 "아, 땅의 시작, 희망의 땅끝"이라고 새겨진 표지석이 있다.

# 하피첩霞帔帖* · 1

– 아내에게

당신이 보내준 낡은 치마자락에
내 마음 적어 답신을 삼노라
돌아보니 떠나온 길 멀고 험하여
나 이제 그립지도 애달프지도 아니하더니
그리움이란
덤불에 남은 잔불씨 같아서
그여 불붙는 노을 바라보며 눈물짓는다
언제 끝날 것인가 유배의 길
가도 가도 멀고 아득하여
수평선 너머 하염없이 해는 지는데
어찌 하 많은 사연을 이루 다 적을 것인가
다만 말없이 나는 갈매기 내 마음 알 것 같아
긴히 청하여 소식을 전하노니
아내여, 행여 기별 닿거들랑
세상을 헛되이 살아온 못난 사람의
넋두리인 줄 아시라

* 하피첩霞帔帖 : 다산茶山 정약용은 전남 강진에서 유배 중이던 1810년 아내 홍 씨가 보내온 빛바랜 분홍 치맛자락에 글을 쓰고 '하피첩霞帔帖' 이란 이름을 달았다.

# 하피첩霞帔帖* · 2

– 아들에게

날 저무니 시름처럼 어둠이 든다
미처 전하지 못한 말 흙벽에 마저 적노니
아들아
내 일찍이 세상에 나와 작은 빛이 되고자 하였으나
외려 세상의 그늘이 되어 고단한 삶을 살고 있거니
너는 나의 분신이라
너는 나의 부활이라
너는 나의 시작이라
부디 못난 아비를 뒤좇지 말 일이다
지나고 보니 한 가닥 외길
욕심도 부질없어
미움도 부질없어
원망도 부질없어
세상 끝을 돌아온 바람처럼 의연하게
너는 오로지 너의 길을 갈 일이다
그게 나의 꿈이었느니
그게 나의 후회였느니
그게 나의 죄였느니

* 하피첩霞帔帖 : 다산茶山은 또 엄격한 가르침과 따뜻한 사랑이 담긴 넉 점의 첩帖을 만들어 멀리 떨어져 살던 두 아들에게 보냈다.

## 하피첩霞帔帖* · 3

— 딸에게

밤이 이슥토록
문풍지에 비치는 매화 꽃가지를 그려
너에게 보낸다
꽃샘바람이 아무리 매섭다 한들
매화꽃 깊은 향을 어찌 이길 손가
모름지기 곱게 피어난 꽃이란
겉모습 비록 화사하나
그윽한 향기를 품기 어렵고
갖은 고초와 풍상을 겪은 꽃이야말로
진실한 향기를 풍기는 법이니
딸아, 부디 겨울을 이긴 매화꽃처럼
스스로 아름다워지기를
스스로 향기로워지기를
정월 이월 지나 춘삼월
더디 오는 봄의 이치가 거기에 있으니
꽃 피고 열매 맺고 거두는 뜻이 오로지
거기에 있으니

* 하피첩霞帔帖 : 다산茶山은 3년 후 남은 치마 조각에 매화 그림이 있는 작은 족자를 만들어 딸에게 주기도 했다.

제3부

# 페인트칠을 하며

## 비틀즈The Beatles를 듣는다

– 레잇비Let it be

나, 지금 찬송가讚頌歌처럼
그대들 노래를 듣고 있어

When I find myself in times of trouble
Mother mary comes to me
Speaking words of wisdom
Let it be

나는 느낄 수 있어
절망의 늪에서 듣는 그대들 노랫소리는
어머니의 약손처럼
아픈 이마를 짚어주고 있는 것을

And in my hour of darkness
She is standing right in front of me
Speaking words of wisdom
Let it be

부드러운 손수건처럼
쓰러지고 무너진 이들의 피눈물을
닦아주고 있는 것을

And when the broken hearted people
Living in the world agree
There will be an answer
Let it be

그대로 두어라
상처받은 이들에게
이처럼 훌륭한 처방이 있을 수 있을까
아니, 더 무엇을 할 수 있단 말인가

For though they may be parted
there is still a chance that they will see
There will be an answer
Let it be

그대로 두겠어
이별은 만남의 기약이라니
비록 모든 것을 떠나보낼지라도
다시 만날 기회는 있을 테니까

And when the night is cloudy
There is still a light that shines on me
Shine on until Tomorrow
Let it be

희망은 절망과 이웃한 땅
먹구름이 지나고 나면
언젠가 내게도 햇살은 비춰줄 테니까

I wake up to the sound of music
Mother Mary comes to me
Speaking words of wisdom
Let it be

오늘은 어제의 내일
내일이 아닌 날들은 없을 테니까

Let it be, let it be.
There will be an answer, let it be.
Let it be, let it be,
Whisper words of wisdom, let it be.

공연히 상처를 덧나게 하지 않겠어
그저 여기를, 바로 지금을
기쁨으로 여기며 살아가겠어

## 멍석

등을 대고 누우니 보이더라
야무진 새끼줄로 날줄 씨줄 쫀쫀하게 엮어
헛간 구석에 처박아 둘 때에는
출생이 원망스럽기도 하였으나
해마다 곡식을 말리는 일은 물론이요
잔칫날에는 귀한 손님 받아내는 일
또한 내 차지였으니, 어디 그 뿐인가
멍석말이로 못된 놈 뭇매질을 도왔으니
내 쓰임새 적지 않은지라
자칫 자만하였다가도
어두운 헛간에 웅크리고 앉아
새어드는 달빛으로 가만가만 살펴보니
한낱 멍석이라
잠시 쓰임새대로 쓰였을 뿐인걸
한 날 부름이 있어
인연과 악연의 매듭들 툴툴 떨어내고
앞마당에 누우니
낮게 누울수록 넓어지던 하늘
온갖 잡티가 들어 매운 눈으로 보이더라

# 간밤, 꿈에 뵈온 어머님

어머님, 간밤에는 어쩐 일로
저의 꿈속을 찾으셨나요

떠나신 지 벌써 여러 해
이젠 흙이 되셨을 어머님이 보고 싶어
밤마다 어머님 부르며 꿈길을 헤맸거니
세상일 힘겨울 땐
품에 안겨 엉엉 울고도 싶었거니
눈물도 말라 명태가 다 되어버린 이제
저의 꿈속을 찾아오셨나요

어머님, 그런데 왜
꽃바구니는 머리에 이고 춤을 추셨어요
생전에 노래 한 곡 춤 한 사위 못하시던 분이
맨드라미 채송화 봉숭아
당신께서 그리도 아끼시던 꽃들
바구니에 가득 담아 머리에 이고
덩실덩실 춤을 추셨어요

아, 벌 나비들이 날아와 진종일 꿀을 빨던
호박꽃도 소담스럽게 담겨져 있었네요

왜 또 눈물은 흘리셨어요
하기는 기뻐도 눈물 슬퍼도 눈물
눈물이 지천이셨던 당신이셨지요
기쁨이 한 짐이면 슬픔도 한 짐
크고 작은 짐들 가슴에 품고 사셨던
당신이셨지요

하도 반가워 간밤 꿈자리를 붙잡고
해가 중천에 뜨도록 누워있었거니
이승에선 꿈에 어머님을 뵙는 것도 나쁜 징조라고
매사에 조심하라고들 하네요

하지만 이제
무엇이 두렵겠습니까
무엇이 더 나빠지겠습니까 어머님
꿈속에 뵈온 어머님처럼
세상 온갖 궂은 일 꽃바구니처럼 머리에 이고
덩실덩실 춤출 수 있다면야

## 걸레

더러워진 방바닥을 치우면서
걸레가 어떻게 때를 닦아내는지를
곰곰이 살펴본 일이 있다

고농축 세제를 쓰지는 않았다
바닥을 재빨리 그리고 감쪽같이
원상으로 회복시켜줄 것이었지만
자칫 바닥재를 상하게 하는 일이 왕왕 있어
애당초부터 쓰지 않기로 한다

걸레의 재질은
반들거리는 값싼 화학섬유보다는
가급적 부드럽고 흡수가 빠른
식물성 천연섬유가 좋았다

결국
무엇인가를 깨끗하게 한다고 하는 것은
또 다른 무엇인가가 그만큼 더러워져야 하는
물리적인 현상에 다름이 아니었다

한 세상 무탈하게 살아가는 일도

누군가는 걸레가 되어
또 다른 누군가가 흘려놓은 때를
열심히 닦아내는 일이리라

매번 생활 찌꺼기들로 어질러진 방을 치우면서도
하찮은 걸레가 스승이라는 것을 깨닫는 일은
그리 쉽지 않았다

# 닭에게

처음부터 어미 닭의 포근한 품은 아니었다
부화기에서 난생의 꿈을 깨고
세상에 나오면서부터
너희는 가축이었느니
일용할 양식이었느니

노래하지 마라, 삐약삐약 노란 부리
꿈꾸지도 마라, 꼬꼬꼬꼬 봄나들이

자동시스템으로 던져주는
고기능성 사료와 항생제로 살이 오르고
나이 그만하여 솜털을 벗고 성계가 되면
이제 시작해야 하느니

한 눈 팔지 마라
귀도 열지 마라
너희 존재가치는 오로지
고기의 무게로 계산된다
알의 숫자로 판단된다

날개 밑이 가려워

오밤중에도 홰를 치며
잠 못 들던 밤도 더러 있었을 것이나
모래주머니에 가득한 포만감으로
잠을 청해야 하느니

살집 좋은 암탉과
뜨거운 정사를 나누는 꿈도
가끔 몽정으로 찾아왔을 것이나
근사한 벼슬을 지닌 수탉과
알콩달콩 살아가는 꿈도
환상으로 찾아왔을 것이나, 너희는 다만
맛있는 육질과 더 많은 산란을 위해
번식과 개량을 거듭해야 하느니

오, 가여운 닭이여
너의 조상은 본시 하늘을 나는 새였느니라
영악한 인간들과 더불어 살면서도
새벽이면 어두운 하늘을 향해 꼬끼오
지쳐 잠든 사람들을 깨웠느니라
못된 잡귀들을 쫓았느니라

## 손톱을 깎으며

필시 먼 조상이
날카로운 이빨과 발톱을 지닌
야수는 아니었던 모양이다
뭇짐승을 사냥해서 주린 배를 채워야 하는
육식동물은 아니었던 모양이다

참새의 발톱만도 못한 무딘 손톱
그저 열심히 풀잎을 뜯고 과일이나 따서
한 끼를 때우고는
망고나무 가지에 매달려 잠을 청하던
지는 해를 보면 그렁그렁 눈물이 고이기도 하고
어둔 밤이면 외로움에 뒤척이기도 하는
순한 초식동물쯤, 아니

가끔은 덧니처럼 나있는 송곳니에
남의 고기 생각도 간절한
지독한 잡식성 동물일지도 몰라
욕심을 채우기 위해서는
도둑질도 살생도 마다하지 않는다는
배부를수록 오히려 허기를 느낀다는

## 페인트칠을 하며

페인트칠을 한다
아름다운 색깔들이 휘발성으로 날아가고
햇살에 삭아 이내 드러나곤 했던
밑그림 위에

철 지난 바닷가, 빛바랜 간판들처럼
우중충한 내 삶도
가끔은 밝은 색조의 페인트칠을 하고
다시 세상에 나서고 싶다

그러나 이내 벗겨지고 마는
나의 덧그림
늘 달아나버리는 허전한 꿈들과
봉당 붓으로 남는 잠시 생각이여

그래도 다시 한 번
켜켜이 덧칠해진 페인트를 긁어내고
습한 바닷바람에도 벗겨지지 않고
뜨거운 햇살에도 삭아버리지 않을
그런 그림들을 그려봤으면 싶다

# 주유注油를 하다가

도통 입맛이 없는 날엔
옆구리 어디쯤, 아니 등어리 어디쯤 주유기를 꽂고
한 끼 때웠으면 싶을 때가 있다

어디서 먹지
또 무엇을 먹는다

허기에 떠밀려오는 상투적인 문답을 접고
딸칵 주유기 버튼을 누르면
입맛을 다실 사이도 없이 식도를 지나
아랫배에 가득 차는 포만감

간단한 주유 한 번으로
나는 흡입 압축  폭발 배기를 계속하며
무한 질주를 계속한다
물론 신경성 위염, 십이지장궤양, 위암 같은
치명적인 고장도 없다

먹기 위해 사는냐
살기 위해 먹느냐

원초적인 질문들이 이명처럼 들리는 날엔 가끔씩
아무 생각 없는 기계가 되고 싶다
참말로 끔찍한 일이다
나른한 일상으로부터 반란을 꿈꾸는 일은

# 복권福券이나 사볼까?

꿈자리 좋은 날엔
복권이나 사볼까

기억의 포장지마다
바코드로 찍혀 있는 숫자들로
운수나 읽어볼까

어제에서 오늘로, 또 내일로
무작정 이월된 꿈들을 찾아 나서 볼까

비망가액備忘價額만 남은
이미 오래전에 대손貸損 처리된 꿈들을 깨워
나도 한번 인생역전을 노려볼까

나비가 되어볼까
내가 나비인지 나비가 나인지
장자莊子의 꿈에 젖어
한 너댓새쯤 아니 사나흘만이라도
황홀한 세상을 날아볼까

## 청도반시清道盤枾

속 깊은 친구 녀석이
올가을에도 어김없이 감을 보내왔대

그래 그동안 어찌어찌 지내셨는가
걱정스런 마음에 대뜸 안부부터 묻는데
붉은 감이 되기까지
너는 얼마나 힘겨운 세월을 보냈느냐
촉촉한 봄비에도
가지를 붙잡고 안간힘 하던 꽃이여
보드라운 봄바람에도
두려움에 떨던 어린 감이여

인고의 계절 지나 홍시가 되어가는
납작감을 바라보며 답장을 쓴다

보내준 감은 잘 받았다네
일부는 홍시로 먹고, 나머지는
냉장고 속에 깊숙이 넣어두었다가
회한悔恨의 눈발이 날리는 추운 겨울날
약藥으로나 쓰겠네
고맙네 친구여

## 관음사觀音寺 와보살蛙菩薩

강원도 횡성 땅
산세 깊은 태기산 자락을 오르다 보면
개망초 무성한 밭두렁 한가운데
허름한 절집이 하나 있는데

절집이라야
모두 대처로 떠나고 버려진 낡은 기와집
서까래를 달아낸 인법당因法堂과
요사채로 쓰는 안채가 전부라
온갖 세상 영화와 등지고
사십 줄이 넘어서야 산문山門에 들었다는
늙수그레한 스님 혼자 절집을 지키고 있는데

가여운 중생을 구제한다는 관음보살이
점지하여 준 자리라나, 그래서 그러한지
있는 듯도 하고 없는 듯도 해서
힘들고 지친 중생들 숨어 지내기에는 그만이었는데

알음알음으로 찾아오는 신도님들
산바람처럼 횅하니 다녀가고 나면
돌담장 틈새 햇볕을 쬐고 있는 까치독사 새끼와

묵은 기왓장 사이를 폴작 폴작 나는 어린 오목눈이
날이나 좀 궂을라치면
추녀 끝에 요란스럽게 울어대는 풍경소리는
외려 살갑기만 했는데

말벗이 되어주던 노스님마저
몇 날 다녀오마 하고 시주길 떠나고 나면
절집에 혼자 남아 차마 견디기 어려운 것은
진흙 같은 어둠이라
뱀껍질처럼 섬뜩한 감촉도 감촉이려니와
산봉우리를 휘감는 괴기한 밤안개는
쓰라린 기억들을 불러오고는 했는데

관음보살의 현신인가
불면하는 밤을 함께 지새우던 와보살蛙菩薩 님
힘겨운 속내를 어찌 그리도 훤히 꿰고 계시던지
크고 작은 시름들 맷돌에 갈아내듯
구성지게 읊어주던 독경소리
만신창이가 된 가슴을 내어주고는
겨우겨우 잠이 들고는 했는데
개골개골개골 개 골 개 골 개 골

## 아주 오래된 가족사진

미운 일곱 살 적
온 가족이 손을 잡고 미루나무 거리에 있는
동네 사진관으로 갔지
자, 눈 크게 뜨고 하나 둘 셋

펑하니 플래시가 터지고
우리 가족은 SF영화처럼
다시는 돌아갈 수 없는 시간을 떠나왔지

개성開城에서 피난 내려와
피난민촌을 전전하시다
무심천 변 벚꽃이 만발하던 봄날
흘러든 땅, 청주清州
통일이 되면 돌아가기 좋으라고
기찻길 가까이에 자리를 잡으셨다지

사진이 누렇게 빛바래 가는 동안
어머님께서 돌아가시고
금슬이 좋으셨나
아버님도 이듬 해 어머님을 따라 돌아가시고
중학생 교복을 입고 있던 두 형님은

벌써 칠순을 넘긴 노인네
나와 동생은 덜 떨어진 육십 대
우리 나이보다 훨씬 젊으신
사진 속의 부모님을 뵙는 게 늘 죄송스러워

우리는 오부잣집이란다
약주만 드시면 입버릇처럼 하시던 말씀에
가난도 몰랐던 어린 시절, 돌이켜보면
그때만큼 행복했던 적이 있었던가
단 한 번이라도 있었던가

가끔은 살아계신 듯
기쁘면 따라 웃어주시고
슬프면 따라 울어주시는
아주 오래된 가족사진

## 정월 대보름과 어머님

휘영청 밝은 보름달이
꺼먹산 자락 위로 두둥실 떠오를 적이면
어머님은 시루떡을 머리에 이고
개울가로 나가셨습니다

들판을 가로지르는 고불고불한 논두렁길은
겨우내 내린 눈들이 켜켜이 쌓여 있어
굳이 달빛이 아니어도 훤하게 밝았지마는
앞서거니 뒤서거니
뽀드득뽀드득 소리를 내며 따라오는 달빛은
간간이 동구 밖에 날아와 우는
부엉이 울음소리를 쫓을 수 있어
마음 든든하기만 했습니다

가끔 등을 떠미는 달빛에
눈밭에 나뒹굴기도 하면서
아주 오래된 상여집이 있는 과수원
탱자나무 울타리를 돌아
곽 씨 아저씨네 둠벙을 지나면
멀리 희뿌연 달빛 아래
우리 집 초가지붕이 보일락 말락 할 즈음에

조그만 개울이 있었습니다

제가 하는 일이라고는
두꺼운 얼음장을 깨고
어머님이 치성 드리실 자리를
봐 드리는 것이었는데
정월 바람은 아리고 매워서
곱은 손을 호호 불어가며
맑은 개울물이 흐르게 하는 일은
어린 제게 여간 대간한 일이 아니었습니다

제가 무명 바지춤에 꽁꽁 언 손을 녹이는 동안
어머님은 맑은 개울물 옆에 떡시루를 내려놓고
촛불을 꽂아 사방을 환하게 밝히시고는
둥그런 보름달이 거진 중천에 다 걸리도록
한 해의 소원을 빌고 또 빌고 계셨습니다

저는 촛불이 바람에 흔들릴 때마다
서걱이는 갈댓잎 소리를 들으며 이제나저제나
어머님의 치성이 어서 빨리 끝나기만을
고대하고 있었지요, 드디어

들릴락 말락 한 기도소리가 멎고
어머님의 가녀린 어깨 위로
하얀 소지장이 불꽃이 되어 하늘로 날아오르면
저는 한시라도 빨리
쥐불놀이하는 또래들한테로 달려가고 싶었는데
어머님은 달빛처럼 하얀 시루떡을 떼어
얼음장 밑으로 흘려 넣어주시며
잠든 물고기들의 허기를 채워주는 일을 한 번도
거르는 법이 없으셨지요

어머님과 제가
손을 꼭 잡고 집으로 돌아오는 길은
대낮처럼 환한 달빛이 있어
한결 정겨웠을 뿐더러
논두렁 밭두렁마다 쥐불놀이가 한창이어서
살을 에는 추위도 따뜻하기만 했습니다

끝내 아무 말씀이 없으셨지만
벌써 여러 해 동안
어머님을 따라 개울가를 다녀온 저는
이미 알고 있었지요

보름달이 이울고 나면 이제 곧
개울 저 아래쪽에서부터
입김처럼 훈훈한 봄바람이 불어올 테고
버들강아지도 서둘러 피어나서
어머님과 제가 하냥 달빛이 되어 걸어가는
겨울 들판에도 머지않아
보릿대처럼 푸른 봄이 찾아오리라는 것을
종달새 부리마다 노래를 물고
하늘 높이 날아오르리라는 것을요

## 가을 소낙비

모를 일이다
지금은 그지없이 파란 하늘이다만
언제 열대성 저기압이 몰려와
천둥 번개를 동반한 장대비를 퍼부을지도

모를 일이다
지금은 잔잔한 마음이다만
언제 아픈 기억들이 몰려와
감당할 수 없는 눈물을 뿌려댈지도

불안한 예감처럼
푸른 하늘에 비가 내린다
빗물처럼 눈물이 흐른다

또 모를 일이다
지금은 온통 흐린 하늘이다만
언제 대륙성 고기압이 몰려와
짙게 드리운 먹구름을 거두어갈지도
문득 떠오른 상큼한 기억들이
아름다운 시절을 불러올지도

## 매발톱꽃

부모님 반대를 무릅쓰고
서둘러 결혼식을 올리고
흘러 흘러간 땅, 부산 서면
신혼의 고운 꿈 접고
물 설고 말 설은 땅에서
살아보겠다고
여보란 듯 살아보겠다고
궂은일 마다 않고
억척스럽게 살아오신 당신의 세월
당신의 피와 땀이 있어
딸 셋에 늦둥이 아들 하나
오롯이 키워놓고
이제는 고향집으로 돌아와
어머님의 자리를 지키고 계시는
우리 큰 형수
열심으로 살아오신 당신의 생애가
전셋집을 전전하면서도
애써 가꾸어 오신 당신의 꽃밭에서
보랏빛 매발톱 꽃으로
아름답게 피었습니다

## 총총히 그 길을 걸어오시다

– 이영란 선생님 퇴임식에 붙여

살구꽃처럼 예쁜 얼굴, 어디에
깊은 뜻을 숨겨두었을까
열여덟 꽃다운 나이에
백의천사를 꿈꾸시다

그 후로 무려 삼십 개 성상
가깝고 쉬운 길을 에돌아
길 중에 가장 먼 길
나눔과 베풂의 길을 걸어오시다

하 많은 세월
궂고 힘겨운 일 얼마나 많았으랴
때론 외면하고 싶고
때론 달아나고도 싶었으리라

하지만, 넘어지면 일어서고
넘어지면 또 일어서고
굳이 어렵고 힘든 길로 해서
사랑 중에 가장 높고 깊은 사랑
가르침과 치유의 길을 총총히 걸어오시다

## 늦추위

겨울이 어찌 가는가 보았다

부서진 스티로폼
찢어진 비닐봉지
너저분한 폐지 나부랭이
간간이 흩날리는 눈발 따위

철저하게 부서진 꿈과
갈기갈기 찢겨 펄렁이던 영혼과
밤마다 찾아오던 절규와
때늦은 참회의 눈물과

사정없는 봄바람 앞에는 한낱
과거의 유물인 것들
쓰레기인 것들

미움도 정이라고
모질던 겨울과 정분이 깊었는가
정을 마저 떼려는지
골목골목을 누비며
한 성깔 부리는가 하였다

# 소설小說을 읽는다

어디까지 읽었더라
무의미한 나날들 속에서
우연과 필연을 가장한 사건이 찾아들고
세상과 주인공이 갈등의 그물을 짜기 시작했는데

보암직하니 지금 읽고 있는 부분은
발단과 전개를 지나
소위 클라이맥스에 해당하는 곳이라
얽히고 설킨 이야기들이
극적인 반전을 시도할 즈음인데

도대체 어떤 결말이 기다리고 있는 것일까
작가가 던져주고자 하는 메시지는 무엇일까
작품관이 지나치게 낙관적이지는 않은가
문체가 너무 상투적인 것은 아닌가

이렇게 운을 떼면
나를 평론가쯤으로 착각하는 분도 있다
하지만 나는 삼류 소설의 어설픈 주인공, 아니
뒷모습만 살짝 보여주고 사라지는 단역일 뿐이다

어쩌면, 무책임한 독자라는 표현이 더 적확하다

이제 불과 몇 장 남지 않았는데
결국엔 불행해지거나
오래 오래 행복하게 잘 살았다는
뻔한 결말일 텐데도
의도된 허구와 끝없는 복선
작가의 현란한 기교 앞에서 안타깝게도
나는 번번이 현재의 페이지를 놓친다

이제 또 어디로 이야기를 끌고 갈 것인가
불투명한 내일처럼
도대체 그것이 궁금하다

## 동시상영관同時上映館

다리 위로 해가 떨어지고 있었다
검붉은 노을이 잠시 비껴가고
관객들은 영화가 만들어 놓은 허구 속으로
천천히 빠져들어 갔다

질주하는 차량의 굉음과
어지러운 불빛이 화면에 비치고
치열한 삶의 현장을 연출하려는 듯
밀고 당기고
회전과 역회전의 반복

왕복 8차선 중앙 차도 위
한 청년이 흰 천을 덮고 싸늘하게 누워 있다
소품으로 동원된 부서진 오토바이가 주변에 널려져 있고
인도 쪽에는 조연인 듯 몇몇 행인들이
무심한 발걸음을 옮기고 있다

다리는 이제 강에서 올라온 밤안개에 휩싸여
더 이상 보이지 않았다
아마도 줄거리의 전개를 위한 장치인 듯 했다

무대를 옮겨 강 건너 백화점 앞

반전을 꾀하려는 듯 갑작스레
휘황한 조명불빛 아래 강한 비트의 음악이 흐르고
인기 아이돌그룹 멤버들이 떼거리로 몰려나와
신들린 듯 춤을 추고 있다

일대는 열광하는 팬들로 아수라장이어서
공연 열기는 차가운 밤공기를 달구기에 충분했는데
이대로 클라이맥스로 가는가 싶었는데
잠시 느닷없는 정전
아마도 고도로 계산된 감독의 의도인 듯 했다

칠흑 같은 어둠이 훼이드아웃되면서
이글거리는 태양과 원시의 생명이 살아 숨 쉬는
아프리카 초원, 마라강* 강둑에
위대한 여정을 떠나는
배고픈 얼룩말과 누 떼가 옹기종기 서있다
어린 새끼들은 두려운 듯 나지막한 소리로 울기도 했다
저들도 곧 피가 일러주는 대로
악어 떼가 우글거리는 강물로 뛰어들 것이었다

* 마라강 : 세계 최대의 자연생태계인 세렝게티 초원와 마사이마라 평원의 경계를 가로지는 강으로, 매년 7~8월이면 약 200만 마리의 야생동물들이 풀을 찾아 강을 건너 사활을 건 대이동을 한다.

## 추억追憶 · 1

고즈넉한 날이면
파도와 자맥질하는
작은 돌섬이외다

섬 사이를 흐르는 빠른 물살과
뱃길을 막는 크고 작은 암초와
거친 바닷바람

오가는 뱃사람들 모두
몹쓸 무인도쯤으로나 여기는
버림받은 섬이외다

그래도 이곳은
푸른 해초 사이를 헤엄치는
수많은 물고기 떼와
갯바위에 몸을 붙인 단단한 조가비들
생생하게 살아 숨쉬는
잃어버린 어제의 오늘이외다

폭풍우가 치는 날이면
부서진 뱃전에 찢겨진 깃발을 펄럭이며

찾아오는 이 있어
다친 날개를 퍼덕이며
날아오는 뭇 새들도 있어

세월의 저편에서 떠내려 오는
부유물들을 모아 불을 지펴놓고
하얗게 밤을 지새우고 있소이다

## 추억追憶 · 2

밤낮으로 해와 달에 묻히는
희미한 별자리외다
눈부신 빛에 가려 아무도 눈여겨 보아주지 않는
차라리 어둠이외다

그래도 이곳은
그 옛날 아름다운 전설과 신화를 간직한
잊혀진 왕국의 도읍지외다
당신의 사랑과 꿈이 여기에서 비롯되고
슬픔과 눈물이 지독한 외로움이
여기에서 발원되었음을 증거하는
수많은 유적과 유물들이 지천으로 널려진
멈춰진 시간의 땅이외다

빛과 어둠의 어디에
삶과 죽음의 어디에
생명의 끝없음을 믿으며
사랑의 가없음을 믿으며
스스로 불을 밝히고
어둠의 한 귀퉁이를 지키는
나는 당신의 처음이자 끝이외다

# 고려산高麗山* 낙조대에서

– 진달래꽃 능선을 따라 걸으며

크고 작은 섬들에 가려
환한 얼굴 한 번 주신 일 없으셨지요

밀려갔다 밀려올 뿐
늘 뿌연 바다 안개에 속내를 숨기시고는
먼발치에 뻘밭 가득 펼쳐놓으시고는

그저 무심한 눈빛처럼
언뜻 스쳐 가는 노을이 고작이었지요

이제 그만 기다림도 지쳐
질긴 억새가 될까
마디 굵은 떡갈나무나 될까

당신께서 주신 한 줌 노을
저 가을엔 단풍잎으로 타더니
이 봄엔 산그늘마다 온통
진홍빛 진달래꽃으로 핍니다 그려

* 고려산高麗山 : 강화도의 진산.

# 때론 간단해지고 싶다

단 하나의 세포
분열의 반복으로
생존과 번식을 거듭해온 나는
삶도 죽음도 존재하지 않는
무한의 바다를
섬모纖毛로 헤엄치며
단 하나의 이유
숭엄한 의미와 만나고 싶다

## 외뿔장수풍뎅이 날다

너 일찍이 뿔을 키워 풍뎅이 중에 장수풍뎅이라는 허명을 얻었다마는 앞뒤 좌우 꼼꼼히 살펴보기로 엉뚱하기 그지없는 한낱 딱정벌레일 뿐이라. 어디 행색을 좀 들여다볼까. 볼품없는 몸집에 외곬으로 돋아난 고집스러운 돌기, 아집으로 키워온 거추장스러운 뿔이라니 기상이 가상하기는 하다마는 어찌 저것으로 악랄한 천적들을 당해낼꼬. 눈은 또 왜 저 모양인고. 곁눈으로 바라보는 흐리멍덩한 세상이라니 앎직하다. 게다가 더듬이라고 검불처럼 붙은 것이 영락없는 장님의 부러진 지팡이 짝이라. 둔한 몸 앞가림하며 약육강식의 험난한 길 더듬어 가는 일 만만치 않겠구나. 오호라, 네게도 숨겨진 무기가 있었던가. 변태와 우화의 거듭되는 진통 속에서도 등딱지 속에 고이 간직해온 종잇장 같은 날개. 웬걸, 불볕더위에도 아랑곳하지 않고 여봐란 듯이 외뿔을 곧추세워 웽하니 소리 한번 요란 맞게 온몸을 기우뚱거리며 갈참나무 숲으로 날아가더라니.

제4부

# 세밀, 친구에게 편지를 쓰다

# 해가 뜬다

아직 네온 불빛 깜빡이는 고층빌딩 뾰족한 피뢰침 위에
폭설에 무너져 내린 달동네 비닐하우스 휘어진 쇠파이프 위에
가로등에 앉아 부리를 묻던 회색 비둘기 남루한 날개 위에
24시 뼈다귀탕집 아줌마 무거운 눈꺼풀 위에
탁자에 엎드려 잠든 취객의 풀린 넥타이 위에
밤새 쓰레기통을 찾아 전전하던 도둑고양이 싸늘한 시체 위에
길가에 널브러진 오토바이 깨져 못 쓰게 된 백미러 위에
폐지를 싣고 무단 횡단하는 할머니 손수레 위에
어두운 새벽길을 쓸고 있는 청소부 아저씨 야광 조끼 위에
한산한 새벽 인력시장 이글이글 타들어가는 화톳불 위에
조심조심 산비탈을 내려오는 마을버스 흙 묻은 바퀴 위에
흔들리는 차창에 기대어 졸고 있는 아가씨 머리핀 위에
다시 시작된 출근길 끝없는 차량행렬 긴 꼬리 위에

## 청명清明과 곡우穀雨 사이

1후候*

청명 날 꽂은 부지깽이
파르라니 오동나무꽃 핀다
향내 진동하니 봄날에는
잡새도 봉황인 듯 천리를 날겠구나

2후候

빈들에 들쥐떼 사라지니
푸른 보리밭 위로 햇살처럼 종다리 난다
길어진 해거름 쌍쌍이 날며 종일 희롱하더니
둥지마다 알록달록 새알 가득 하고나

3후候

흙비 멎더니 닿을 듯 가차운 하늘에 무지개 뜬다
누구일까, 꽃잎 지던 밤
고운 꽃물 들이고 떠난 이는
눈부신 계절엔 눈물도 꽃으로 피는구나

* 후候 : 24절기로 보아 청명일清明日 이후부터 날이 풀리기 시작해 화창해지기 때문에 예로부터 청명에서 곡우穀雨 이전까지의 15일 동안을 다시 3후三候로 나누어 1후에는 오동나무의 꽃이 피기 시작하고, 2후에는 들쥐 대신 종다리가 나타나며, 3후에 비로소 무지개가 보인다고 하였다.

## 봄꽃 통신

마치 약속이나 한 듯
후다닥 피어나는 봄꽃들을 보아

나무들은 저들끼리 은밀하게
통신을 하고 있었던 게야
속살 깊은 곳에 회로기를 품고
바람이 지나는 길목에 안테나를 세워
남몰래 송신과 수신을 계속하고 있었던 게야

진달래는 진달래끼리
벚꽃은 벚꽃끼리
주파수를 맞춰 놓고
한 날 한때를 기다리고 있었던 게야

드디어
회색에서 분홍으로
갈색에서 노랑으로
화사한 봉기蜂起

어디 그뿐인가
춤추며 나는 새들을 보아

달뜬 목소리로 어디론가 통화를 하고 있어
부리로는 열심히 메시지를 보내고 있어

컬러링으로 진동으로
문자로 동영상으로
일제히 전해오는 꽃소식은
겨우내 웅크렸던 가슴에도
꽃등불을 달아줄 게야
가슴에서 가슴으로
가문 봄날 산불처럼 번져갈 게야

## 가스충전소  건너편 시내버스정류장

불법 주정차 단속을 피해
인도로 올라서는 차량에 떠받쳐
아랫도리가 성한 데라고는 없는
146번 147번 은행나무 사이
시내버스정류장이 있다

먹고사는 일에 매달려 여일이 없는
화급한 발걸음들이
버스에서 내리기가 무섭게
환승 버스를 갈아타고
더 깊숙한 도심으로 들어가거나
더 후미진 변두리로 흘러가거나
버스를 기다리다 지친 사람들이
택시를 잡아타고 쌩하니 떠나거나

뜨막하기만 하던  시내버스정류장에도
주말 아침 이른 시간 무렵이면
산을 찾는 사람들로 잠시 북적인다

아침노을에서 떨어지는 금싸라기 같은  햇살이
삐죽한 교회 종탑으로부터

가스충전소 앞마당에 쏟아져 내리는 동안
길 건너편 시내버스정류장은
도심을 탈출하려는 사람들로 잠시 붐비는 것이다

까뭇까뭇한 어둠이 깔리는 저녁 무렵이면
구 잠실병원 앞 885번 886번 은행나무 사이
돌아오는 시내버스정류장으로
사람들은 칡뿌리처럼 상큼한 냄새를 품고
집으로 돌아올 것이다

모두들 그저 바삐 오갈 뿐, 나도 그랬던 것처럼
집 앞을 지나다니는 3315번 연두색 시내버스 종점이
'남한산성 입구'라는 것을 아는 사람들은
그리 많지 않은 듯했다

## 내비게이션

모처럼 떠난 여행길은
마치 솜이불을 뒤집어씌운 듯 안개가 자욱해서
지척을 분간할 수 없는 세상을 만들어놓고 있었지

"전방에 교량이 있습니다"
"전방에 터널이 있습니다"

연실 울려대는 경고메시지에
전후좌우를 둘러보지만
백색의 어둠뿐
어디에도 안전지대를 찾을 수 없었지

"전방 500M 지점에 과속위험 구간이 있습니다"
"전방 500M 지점에 사고다발 지역이 있습니다"

실수로 점철된 사고현장을
부서져 버린 꿈의 잔해들로 어지럽던 그 자리를
너는 잘도 기억해내는구나

"일방통행도로에 진입하셨습니다"
"역주행 차량에 유의하십시오"

아뿔싸
아직도 걷히지 않는 착각과 혼돈의 안개여

“경로를 재 선택합니다”
“잠시 후 유턴하십시오”

천신만고 끝에 위험지역을 빠져나와
비로소 액서레터를 밟는다
복잡한 도심의 표지판들이 사라진 화면으로
이젠 제법 푸른 들과 강물을 보겠구나
높다란 산들을 보겠구나

건강. 일. 꿈. 사랑
나는 재빨리 이번 여행의 최종목적지를
검색창에 쳐 넣었다

“검색된 결과가 없습니다”
“다시 한 번 확인하시고 입력하여 주십시오”

# 호두나무고개*

어릴 적 내가 살던 작은 동네에 고개 하나 있었지
나무꾼도 숨이 차서 지게를 받쳐놓고
가쁜 숨을 몰아쉬던 아주 높다란 고개였지

아주 오래된 호두나무 한 그루 서 있었지
동네에서 제일 연세 높으신 호두나무집 할아버지보다도 더
나이 지긋한 고목이었지

늙수그레한 호두나무에도 해마다 호두가 열렸지
아이들의 돌팔매질에도 끄떡 않고 알알이 익어
가을운동회 날이면 할아버지는 남들이 볼세라 호두를 털었지

잘 여문 호두알이 오로로 쏟아질 때마다
세상을 살 만큼 살아온 호두나무에도
작대기 자국처럼 나이테가 하나씩 그려지고
멀찌감치서 군침을 삼키던 우리도 한 살씩 나이를 먹어갔지

호두알처럼 단단한 어른이 되어갈 무렵
우리는 호두나무고개를 뒤로 한 채
하나둘씩 고향을 떠나갔지

그리고 몇 번인가 호두알이 열렸다 떨어지자
호두나무집 호랑이 할아버지가 돌아가시고
그 후로 또 몇 번인가 더 호두알이 열렸다 떨어지자
고갯마루에 서서 잘 가라며 배웅해 주시던
우리네 부모님도 돌아가시고
우리는 점점 고향을 잊어갔지

그 뒤로는 아무도
호두나무고개를 기억하는 사람이 없었지
나지막해진 고갯마루엔
등 굽은 호두나무만 잊혀진 전설처럼 서 있었지
호두나무 아래 뛰놀던 우리들의 유년처럼

* 호두나무고개 : 충북 청주시 상당구 탑동 27번지에 소재한 고개 이름.

## 나의 살던 고향은

툇마루에서 까치발을 하고 바라보면
얕은 담장 너머로
들판이 끝나는 아스라한 곳에
병풍처럼 둘러싼 산들이
옅은 자줏빛으로 물드는 게 보였습니다

그리 멀지 않은 곳에는
명암방죽에서 흘러내리는 작은 개울이 있어
얼음장이 녹아 흐르는 물소리와
막 잠 깨어나는 물고기들의
부스스한 얼굴을 바라볼 수도 있었지요

어디 그뿐인가요
뒷산에는 박 씨 아저씨네 과수원이 있어
봄이 오면 마을은 온통 꽃 내에 취해
한철을 나곤 했지요

하지만 변하지 않는 건 없데요
내가 살던 변두리 땅에도 여지없이
개발바람이 불어와
그 맑던 개울도 메워지고

겨우내 굵은 알칡을 품던 우암산*
영험하다던 약수도 마르고
개복숭아꽃만 듬성듬성 피어나서
고향의 봄을 일러주데요

* 우암산牛巖山 : 충북 청주시 상당구 우암동, 내덕동, 수동, 대성동 일대에 위치한 청주의 진산.

# 무심천無心川*

남주동으로 나와도
모충동으로 돌아 나와도
마실집 툇마루처럼 편안한 천변

젊은이들은 토끼풀처럼 모여 앉아
풀내 나는 꿈을 꾸고
노인네들은 해묵은 벚나무 밑동에 앉아
꽃가지를 흔들고 가는 추억을 이야기한다

강물이라고 해야 쓸라나
개천이라고 해야 쓸라나
고향집 삽짝 같은 다리를 건너
성뚝길을 따라 하냥 걷다 보면
우암산 넘어오는 뜬 구름도
당고개 넘어서는 뜨내기 바람도
이내 하나가 되어 흐르고

서문동 우암동으로 나와도
사직동 운천동으로 돌아 나와도
늘 거기 그 자리

넘치면 넘치는 대로
모자라면 모자란 대로
사람들은 어느덧 가슴을 타고 흐르는
무심無心을 만난다

* 무심천無心川 : 청주 시내를 지나는 도시하천으로, 우암산과 더불어 청주의 상징으로 시민들의 사랑을 받고 있다.

# 선바위* 돌배나무

"니들이 우리 영대 친구들이여?"

나이 지긋하신 친구 어머니는
막내아들 친구들이 왔다고
당신만큼이나 나이든 돌배나무에서
실한 놈 몇 개를 따서
무딘 부엌칼로 억센 껍질을 깎으시며
두꺼운 돋보기안경 너머로
우리들을 흐뭇하게 바라보셨습니다

"어여 싸우지 말고 친하게들 지내고 그라~"

친구 어머니는 그래도
늦둥이 친구 녀석들이 못미더우셨던지
살집도 없는 돌배를 연신 건네주시며
다짐을 두고 또 두시는 거였습니다

"……………………"

해묵은 돌배나무 가지로 해서
툇마루에 내려앉은 가을 햇살이

시골집 마당을 한 바퀴 돌아
우리들 까까머리에도 가만히 내려앉고 있었습니다
친구 어머니는 내내 돌배만 깎고 계시고

* 선비위 : 충북 청원군 입동리 마을의 별칭으로, 반석 위에 마을이 자리잡았다하여 선비위라고 이름하였다 함.

# 내 마음의 디제이D.J

듬성듬성한 콧수염에 장발이 멋스럽던
내 마음의 디제이
메모지에 빼곡하게 적어 보낸 우리의 노래
지금도 들려줄 수 있나요

청주약국에서 남주동으로 빠지는 길
금옥당 골목 깊숙한 곳, 음악다방 프린스*
푸른 담배연기 자욱한 그곳에는
통기타 하나 달랑 둘러메고 무작정 떠나던
그 시절의 꿈들이 아직도
흑백사진으로 걸려 있나요

마술처럼 잃어버린 추억을 불러오는 이여
어둠 속에서 길을 잃고 헤맬 땐 '아침 이슬'을 들려줘요
무너져버린 꿈들로 가위눌린 밤에는 '고래 사냥'을 들려줘요
못 잊겠는 그리움에 몸서리치는 밤에는
'바닷가의 추억'이나 '하얀 손수건'을 들려줘요

낡아 못 쓰게 된 엘피LP판
가끔씩 겉 넘기는 해도
칙칙 거리기는 해도

젊은 날의 추억이 아날로그로 새겨진 살가운 노래
이젠 올드 팝이 되어버린
우리의 이야기를 들려줄 수 있나요

* 음악다방 프린스 : 음악다방이 유행했던 70년대, 청주에서 제일 유명했던 음악다방.

## 한결 깊어진 산

꽃잎 분분하게 날리던 창가에 문득
산이 깊다

간밤에 불던 세찬 바람 탓일까
더불어 내리던 빗줄기 탓일까
맑게 닦인 하늘과 푸른 나뭇잎 사이를 나는
꾀꼬리 울음소리 때문일까

깊은 골짜기와 숨은 그늘
경계를 지키는 뾰족한 바위들 사이
수묵화처럼 잠자코 눈보라를 견디던 나무들
한데 어우러져 햇살에 빛나는 때문일까

울적하던 심사에 무심코
눈길 한번 주었을 뿐인데
덩달아 마음 한 번 고쳐먹었을 뿐인데
멀찌감치 서 있던 산 하나가 다가와
가슴에 안긴다

# 단풍이 물드는 이유

그녀와 나는
물감을 들이부은 듯 산골짜기를 타고 흘러내리는
단풍을 바라보고 있었다

단풍잎이 어떻게 물드는지 알아요?
그녀의 물음표 뒤로 노을이 유난히 붉게 타고 있었다

하늘에서 떨어지는 노을 가루가
단풍잎을 물들이는 거라구요
보아요, 하늘이 가까운 산꼭대기부터 물들고 있잖아요
기다란 산 그림자에 마을이 묻히고
그녀의 어깨 위로 찬 이슬이 내리고 있었다

참 예쁘게도 물들었네요
제대로 물들려면 몇 번 더
붉은 노을이 서고 찬 이슬이 내려야 할 거예요
이슬방울에 갓 물든 단풍잎을 헹구는 그녀의 손끝에서
또 한 번의 가을이 깊어가고 있었다

## 가을안개에게 부탁함

불타버린 여름 그 뒤에
연기처럼 피어오르는 안개여
소슬하니 마음 심란한 가을밤엘랑
휜소리 한번 들어보시려나

내 일찍이 잔재주를 갖고 태어나
자수성가를 꿈꾸었으나
본시 성격이 화급한 데다 허욕에 들떠
울창하던 나무숲 모두 다 불태우고
휑하니 산봉우리만 남은 꼴이라

이제와 누구를 탓하고 누구를 원망하랴
내가 만들어 놓은 덫인걸
잡초처럼 살아왔기로
남은 세월도 그렇게 살리라 다짐을 둔다마는
추수 끝난 빈 들녘
매캐한 냄새로 찾아오는 허허로움은
또 어찌 달랠 텐가

그러니 안개여
세상을 묻는 하얀 어둠이여

그대의 깊은 감옥 속에 나를 가두어
허물일랑 덮어주고 흠일랑 고쳐주어
알곡은 알곡대로
쭉정이는 쭉정이대로
나름 가을빛으로 물들여주었으면 좋겠네

## 운명은 소스처럼
– 삶에 관한 몇 가지 문답

사람들은 으레 말하지
'그건 운명이었다'고

하지만 그게 정답은 아닌 것 같아
말하자면 운명은 소스처럼
맛을 내기도 하고
맛을 버리기도 하는 그런 걸 거야

이를테면 불행이란
잘못 만들어진 소스처럼
우리네 인생을 짜게도 하고 맵게도 해서
공연한 눈물 뿌리게 하는 그런 걸 거야

때론 돌부리에 걸려
때론 누가 쳐놓은 그물에 걸려
넘어지기도 했지만
피 흘리기도 했지만
아픈 상처를 끌어안고 살아가야했지만

소스가 있어

나의 식탁은 늘 풍성하였느니
나의 입맛은 나날이 깊어갔느니
운명이여

# 조율調律

전깃줄 위에
참새 몇 마리 앉아 이리저리 푸득인다

어둠이 오는 저녁 무렵이면
참새의 발가락에 꼬옥 움켜져 있는
바람의 음계

친구여
스산한 바람이 부는 날이면 올려다보게나
바람이 어떻게 노래하는가를
노래가 어떻게 우리들 마음을 적시는가를

이제 우리도 한 줄쯤
우리의 악보를 지녀야하지 않겠나
이제 우리도 한 소절쯤
우리의 노래를 불러야 하지 않겠나

석양빛 드는 세월이면 더더욱

## 스웨터

"얘야, 춥지?"

추운 세상을 살아갈 자식을 위해
무엇이라도 하나 남겨주려 하셨음일까
응달에 아직 찬 기운이 가시지 않은
늦겨울 아니 이른 봄날
성치 않은 몸을 끌고
육거리시장*에 나가셔서는
철 다 지난 스웨터를 사오시고

"아뇨, 따뜻한걸요"

이미 알고 계셨던 걸까
그해 겨울이 오기 전에
기어이 먼 길을 떠나시고
벌써 여러 해
솔기마다 보푸라기가 일어 낡아져 가도
바람 쌩한 날이면 꼬옥 끌어안아 주시는
어머니의 품

* 육거리 시장 : 충북 청주시 상당구 석교동 63-1번지에 위치한 전국 3대 전통시장 중 하나.

## 가을 전어

단풍잎 곱게 물드는 가을 무렵엔
겉늙어버린 친구들 여남은 몰고
서해바다로 오시게
간만의 풍어로 흥청거리는 홍원항*으로 오시게

타향살이 벌써 서른 몇 해
어쩌다 바닷가에 와서 고향처럼 살다 보니
뜨거운 태양과 넘실거리는 파도에
전어란 놈도 햇과일처럼 익어서
쫀득쫀득 입안에 씹히는 그 맛을 조금은 안다네

또 아는가
방파제에 둘러앉아
바닷물에 풍덩 몸을 던지는 낙조를 바라보며
자망으로 막 건져 올린 그놈을 굽다 보면
집 나간 며느리도 돌아온다는 고소한 냄새에
어이없이 떠나보낸 우리 젊은 날들도 다시 돌아올는지

또 모르지 않는가
개다리소반에 푸짐하게 올라앉은 그놈을 안주 삼아
소주잔에 추억을 타서 거푸 마시다 보면

앞만 보며 달려오느라 지나쳐버린
우리 젊은 날의 낭만도
취기처럼 불콰하니 되살아올는지

우리도 한 때는 전어였다네
저기 저 퍼렇게 뜬 눈깔 좀 보게나
비록 가시투성이의 작은 몸집이나
그래도 너른 바다를 헤엄치던 등 푸른 생선이었다네
푸른 바다를 아가미질하며
고소하고 푸짐하게 익어가던 꿈이었다네

옆구리 실실 시려 오는 가을 무렵엔
모든 근심 걱정 놓아두고
서해바다 홍원항으로 오시게
소식 뜸해진 친구들도 몇몇 더 기별을 해서
가을바람처럼 솔솔 다녀가시게

* 홍원항 : 충남 서천군 서면에 위치한 항구. 매년 9월 말경부터 10월 초까지 전어축제가 열린다.

## "형상기억합금形狀記憶合金 H"에 관한 연구보고서

대부분의 위대한 발견이거나 발명 과정이 그러하듯이 내가 그토록 염원하던 신물질을 찾아낸 것은 절망스러운 날들의 반복된 실패를 통해서였다. 꿈, 사랑 이런 형이상학적 재료들과, 피와 땀, 눈물 이런 형이하학적 재료들이 어지럽게 널려진 실험실, 실험대상이라야 온통 상처뿐인 기억이 전부였던 그곳에서 나는 불안하고도 권태로운 날들을 죽이고 있었다. 처음으로 돌아갈 수 있다면 얼마나 좋을까. 다시 시작할 수만 있다면 얼마나 좋을까. 매일같이 찾아오는 아침은 참새처럼 지저귀고 있었지마는 어찌 처음으로 돌아갈 수 있단 말인가. 어찌 다시 시작할 수 있단 말인가. 그러던 어느 날, 나는 본능처럼 찾아온 희망이라는 재료를 추가하게 되었고 무수한 배합과 분석 끝에 거짓말처럼 망가지거나 변형되어도 단번에 원래의 모습을 찾아가는 신비스러운 물질을 우연히 찾아내게 된 것이다. 나는 절망하는 이들을 대상으로 몇 번의 임상시험을 거친 후에 처음 또는 다시를 잘도 기억해내는 위대한 발명품을 조만간 세상에 내어놓을 작정이다. 첫사랑과도 같은 가슴 벅찬 이미지로 노랑나비를 닮은 머리핀을 만들어 그대의 머리에 꽂아 주리라. 장미꽃 무늬가 있는 스카프를 만들어 그대 어깨를 감싸주리라. 유년의 언덕에 피어 있던 뭉게구름도 좋으리라. 우리 태어난 곳으로 다시 돌아가는 날에도 아무 두려움 없이 평화롭게 떠날 수 있게끔 부활 열반 이런 이미지들로 앙증맞은 장신구도 천천히 만들어 가리라. 돌아갈 수 있으리라, 지순한 사랑과 열정이 시작되던 곳. 다시 시작할 수 있으리라, 참 아름다운 세상. 나는 정신도 물질도 아닌 '형상기억합금形狀記憶合金 H'의 제조에 관한 방정식과 상용화를 위한 마스터플랜을 연구일지에 꼼꼼히 기록해두었다.

## 그들은 그를 '삶의 희망'이라 불렀다

"인류의 선조 중 가장 오래된 약 700만 년 전의 두개골 화석이 아프리카 중부의 챠드공화국에서 발견됐다고 영국 과학 주간지 네이처가 보도했다. 현지어로 '삶의 희망'이란 뜻의 '투마이Toumai'라는 이름이 붙여진 이 원인은 인간과 침팬지의 진화 과정에서 이제까지 발굴되지 않아 공백으로 남아 있던 '잃어버린 고리'가 될 것이라고…"

어머니
이제 그만 나무를 내려갈래요
망고나무 그늘에서의 삶은 즐거웠어요
사바나의 푸른 바람은 감미로웠고
언제나 맛있는 열매들을 선물해 주었지요
하지만, 어머니
이제 그만 나무를 내려갈래요
아득하게 먼 옛날
암흑과 혼돈의 시대가 가고
밤과 낮이 생기고 뭍과 뭍이 갈리던
아주 아주 까마득한 옛날
우리의 할아버지의 할아버지
할아버지의 할아버지가
검푸른 파도를 헤치고 뭍으로 걸어 나오신 것처럼

저도 땅으로 내려갈래요
어머니 제발 허락해 주세요
맹수와 독충이 우글거리는 정글을 지나
지평선 끝까지 달려가 보고 싶어요
푸른 바다 위를 떠돌아다니고 싶어요
몹시 두려울 거예요
많이 외로울 거예요
그래도, 어머니
저는 사람이고 싶어요
모험을 꿈꾸고 자유를 노래하며 진실을 사랑한
위대한 영혼의 소유자이고 싶어요
그들의 '잃어버린 고리'가 되고 싶어요
'삶의 희망'이 되고 싶어요
어머니, 저의 손을 꼭 잡아 주세요

# 화엄사 동백꽃

날 보러와요
동지도 노동지老冬至
허공을 떠도는 고혼이거나
하늘을 나는 날짐승들
운판雲版 소리에 놀라 푸득이는 밤이면
모진 비바람으로 진초록 잎새 닦고
계집아이 젖꼭지처럼 부푸는 꽃봉오리
파계破戒의 숲으로 와요

날 보러와요
섣달도 그믐
길 떠난 추운 영혼이거나
땅에 엎드린 길짐승들
법고法鼓 소리에 놀라 뒤척이는 밤이면
삼동三冬 하얀 눈밭
숫처녀 초경처럼 붉은 꽃잎 비치는
속세俗世의 숲으로 와요

날 보러와요
혹풍한설에도 깊은 산문 지나
찾아오는 정월이라

얼음장 밑 잠 깨어나는 물고기들
목어木魚 소리에 놀라 수런대는 밤이면
풍경소리 어지러운 법당 뒤꼍을 돌아
애첩의 입술처럼 붉은 꽃망울 터지는
애욕愛慾의 숲으로 와요

날 보러와요
걸승으로 이승을 떠돌아도
산은 산 물은 물
서까래에 빛 고운 단청만 피고 졌거니
범종梵鐘 소리에도 사라지지 않는 번뇌야
독경도 부질없어 몸져누운 밤에는
붉어 너무 붉어 불타버린 만다라曼陀羅
동백꽃 숲으로 와요

## 실버

– 나의 노년을 생각함

차라리 무쇠였으면 좋겠네
허전하게 빛나는 은빛보다는
아직도 세상 한 귀퉁이 힘겹게 받친 채
뻘겋게 녹슬어가는 무쇠였으면 좋겠네
귀금속가게 진열장에 놓여
오가는 사람들 한 번씩 곁눈질하고 가는
반짝이는 은수저보다는
가난한 집 찬장에 아무렇게나 꽂혀
배고픈 아이 허기진 배를 채워주는
구부러진 숟가락이었으면 좋겠네
잠 없는 새벽에는 일찌감치 텃밭에 나가
무성하게 자란 잡풀 썩썩 베어내는 조선낫이거나
땅속 깊숙이 박힌 몹쓸 풀뿌리 쪼아내는
호미 날이었으면, 그도 힘들고 지쳐
자주 자리에 눕는 때 되거들랑
내 몸에 지닌 쇠붙이란 쇠붙이는 모두 다 끌어내어
대장장이네 집으로 가져가서
뜨거운 화롯불에 하나로 뭉뚱그려
굴렁쇠로 만들어서
지나온 길 간간이 돌아봤으면, 그러다가

단비 내려 깊은 겨울잠 깨우는 봄날에도
녹물 뚝뚝 떨어지는 흉한 노년이 찾아오면
내 나이만큼 등 굽은 산날망에 나를 묻어
은빛 산억새꽃으로 다시 태어나서
바람 부는 대로 훠이훠이
이승의 강을 건넜으면 좋겠네

# 세밑, 친구에게 편지를 쓰다

옥탑방 작은 창문으로 거리를 내려다보고 있었네
두 손으로 안경을 하고 바라보는 풍경은 얼마나 살가운지
어둠이 어슬렁거리며 찾아드는 거리를 바라보고 있었네

빼꼼한 아파트촌 너머로 시루떡처럼 하얀 달이 뜨고 있었네
눈 맞은 나무들은 가지를 늘인 채 겨울나기를 하고 있었네
매서운 바람이 나머지 풍경들을 세차게 흔들고 갔지만
이내 잦아들고, 길고 긴 겨울밤은 고요히 깊어만 갔네

사람 사는 일이 참으로 오묘하다는 생각이 드네 그려
만물은 한낱 마음이 지어낸 그림자*라커니, 한 치 밖 세상은
십 수 년 만에 찾아온 폭설과 한파로 꽁꽁 얼어붙고 있었는데도
나는 거짓말처럼 하나도 춥지 않았네

지난 해 내게 찾아온 불행은 절망적이었으나
다행히 희망의 무게보다는 가벼워 견딜 만한 것이었네
고통 또한 그대가 보내준 위로보다는 크지 않아서
살을 에는 세밑 추위도 외려 따뜻하기만 하였네
나의 삶은 대체로 아름다웠으며 나는 비교적 행복하였다네

* 일체유심조一切唯心造 : 화엄경의 중심 사상.

# 새해 서원誓願

세밑 내내 울울하던 심사를
새해 서원으로 적어 바람에 매달다

이순耳順 얼추 지나
종심從心을 향해 가는 나이
가슴 설레는 꿈이 있을까마는
지난 세월 한 매듭 묶어놓고
오는 세월 한 자락 펼쳐보고자 함이니

뒤돌아보지 않게 하소서
멀리 내다보지도 않게 하소서
지금, 곧 여기가
나의 자리임을 알게 하소서
기쁨이게 하소서

그러니 바람이여
세상을 떠돌아 하늘에 닿거들랑
한 생을 헛되이 살아온 사람의
넋두리라 여기시고
부디 거두어 하늘에 전해주시게나

## 제5부

# 요지경 또는 프리즘

## 요지경 또는 프리즘
### – 1. 군고구마장수 구씨 아저씨

삐걱이는 손수레를 끌고 산바람처럼 집을 나서는 구 씨의 저녁 무렵은 그리 썰렁하지만은 않다고 한다. 밤늦도록 시름처럼 올망졸망한 군고구마를 팔면서도 타닥타닥 타들어가는 장작불을 지켜보는 일이 그리 심심하지는 않다고 한다. 유난히도 손님 발길이 뜸한 날에는 군불처럼 타들어가는 세월이 못내 안쓰럽지만 비탈진 골목길을 따라 털실처럼 풀려나가는 군고구마 냄새가 제법 괜찮다고 한다. 더러 찾아주는 낯익은 손님에게는 뜨끈뜨끈한 인정도 덤으로 얹어주고 떨이로 남는 군고구마일랑 토끼 같은 새끼들 군것질감으로 챙겨 횡하니 돌아서오는 뒷맛이 그리 서운치만은 않다고 한다. 재료값을 빼고도 쌈지주머니에 남은 때 묻은 지폐 몇 장 동전 몇 닢 가슴에 품고 돌아오는 날에는 덜컹이는 손수레의 잿더미 속에서 초롱초롱한 별이 뜬다고 한다. 자벌레처럼 힘겹게 기어오르는 고샅길이 어슴푸레 밝아온다고 한다.

## 요지경 또는 프리즘

– 2. 소리꾼 장씨

가심에 맺힌 응어리만 소리가 되는 게 아니라니께
뻬에 백힌 한만 소리가 되는 게 아니라니께
소리란 모름지기
인생에 촉촉한 물기여야 하는 벱이여
그 뭐이냐
두엄처럼 푹 삭은 가심으로 뽑아내야 하능겨
민스름한 저 뫼자락 모양으루
쉬엄쉬엄 흐르는 저 갱물모양으루
가심에 맺힌 응어리두
뻬에 박힌 한두
소리에 실어 굽이굽이 흘려보내야 쓰능겨
그렇게 사람덜 가심을 울려야 한다니께
천지를 진동시켜야 한다니께

# 요지경 또는 프리즘

– 3. 신기료장수 신씨

남주동 장터에서는 그래도 구두장이로 이름을 날리던 신 씨가 반 평 남짓한 알루미늄 박스에 갇혀 살게 된 것을 두고 셈 빠른 장터 사람들은 그가 시대의 변화와 개혁에 동참하지 못한 때문이라며 비아냥하지만, 정작 본인은 그게 무슨 뚱딴지같은 소리냐며 실실 웃는다

한갓진 날, 닳아 못쓰게 된 구두 뒤축이나 고쳐볼까 하고 신 씨의 구두병원에 들러 신 씨가 내어주는 앉은뱅이 의자에 앉아 바지런한 손놀림을 지켜보기도 하고 이따금씩 신 씨의 곱사등 너머로 오가는 사람들을 쳐다보노라면 신 씨의 헤픈 웃음에는 무심코 따라 웃을 수만은 없는 생활의 옹이들이 구두못처럼 박혀있다

쎄빠지게 세상의 밑바닥을 달려온 아픈 발걸음들이 저리도 많은 걸, 미처 쉴 사이도 없이 제 갈 길을 재촉하거나 길을 잃고 거리를 헤매는 발걸음도 부지기수인걸. 누군가는 이 바닥에 남아서 저들을 돌봐주어야 하지 않겠느냐는 게 장터에서 구두일로 잔뼈가 굵은 신 씨가 내게 들려준 귀엣말이다

구두 밑창을 들여다보면 구두 주인이 살아온 날들이거나 살아갈 날들을 대충 짐작할 수 있게끔 되었다는 신 씨는 잇속 빠른 장터 사람들이 실없는 입방아를 찧거나 말거나 희뿌연 겨울햇살이 은빛으로 빛나는 반 평 남짓 따사로운 영토를 지키며 오늘도 어제처럼 고린내 나는 구두를 깁는다

닳아 못쓰게 된 헌 놈은 새 놈으로 갈아주고, 터지거나 찢겨져 몰골 흉한 자리는 부드럽게 무두질한 가죽을 잇대어 꿰매주고, 더러 힘겨워 보이는 이에게는 덤으로 바람 잘 통하고 촉감이 그만인 깔창을 깔아 주는가 하면, 광택을 내어 반짝이는 구두에 새 구두끈을 질끈 매어주어 고단한 세상으로 나서는 지친 발걸음들을 토닥여 주기도 하면서

# 요지경 또는 프리즘
## - 4. 파지주이 지씨 할머니

일단, 어두웠다

나는 잘못 들어선 길을 되돌아가려
유턴신호를 기다리고 있었고
가까운 지천에서 흘러드는 안개로 새벽 무렵인데도
교각 아래는 흡사 진흙탕처럼 질퍽한 어둠이
깊이를 알 수 없는 늪을 만들어 놓고 있었다

나는 무엇을 보았다

고작 안개등으로나 가늠하는 짙은 안개 속에서
나는 눈앞에 어른거리는 무엇을 보았다
허기를 채우려 밤거리를 배회하는 길고양이일까
바람에 휩쓸려 밤거리로 나온 검정비닐봉투일까

사람이었다

흡사 어둠이었던 그것은
등이 굽을 대로 굽으신 나이 지긋한 할머니였다
쓰레기 더미에서 나온 것이 틀림없을 꽃무늬 스카프가
뿌숭뿌숭한 그녀의 머리채에 겨울꽃처럼 피어있었다

흘깃 지나쳤다

이런 곳에 사람이 있다는 것은 안심해도 좋다는 징후이다
경계심을 풀어도 괜찮다는 신호이다
설혹 그가 나의 경쟁자일지라도
적개심으로 내 삶의 의욕은 부추겨지고
설혹 그렇지 않은 경우라 할지라도
값싼 동정심에 나는 스스로 위로 받을 수 있기 때문이었다

갓길로 차를 몰았다

그녀가 길가에 세워둔 손수레를 피하느라
명절 선물로 가득한 짐칸이 잠시 사치스럽게 흔들렸을 뿐
안개지역을 벗어난 거리는 오히려 한산해서
달리기에 좋았다

자주 브레이크가 밟혔다

그녀에게 그것은 산이었을까
킬로그램에 60원이나 할까 말까 하는 허드레 짐을 싣고
혼자 몸 지탱하기도 어려운 그녀가

힘겹게 넘어서야 했던 과속방지턱은
날마다 그녀가 올라야만 하는 거룩한 산이었을까

날이 밝고 있었다

늪에 갇혀 허우적대던 풍경들이 제자리를 찾아가고
아침햇살이 밤새 꽁꽁 얼어붙은 거리를 비추기 시작했다
그녀는 오늘도 무사히 산을 넘었을까
어질러진 고물상 마당에
불안하게 기우뚱거리던 과적의 꿈을 풀고 있을까
나는 백미러에 반사되어 오는 아침햇살에 눈이 부셔
눈을 감았다

## 요지경 또는 프리즘
– 5. 동물원 사자사육사 엄씨

처음 이곳에 왔을 때만 해도 대단했지요
삼십년이 넘게 사자 우리를 지켜며 살아온
엄 씨의 팔다리에는
크고 작은 상처자국들이
무슨 훈장처럼 고이 간직되어 있었다

한번 포효라도 하면 온 동물원이 떠나갈듯 했지요
바로 저놈이요
엄 씨가 가리키는 사육장 구석에는
섬뜩한 송곳니와
비수처럼 날카로운 발톱을 잃어버린
무늬만 사자인 늙은 수사자 한 마리가
불안한 듯 이쪽을 쳐다보고 있었다

저 놈이나 나나
이제는 영락없는 뒷방 노인네 신세가 되어버렸지요
당할 재간이 있나요
곧 은퇴를 앞두고 있다는 엄 씨의 이야기를 들으며
맹수 우리 단단한 쇠창살 사이로, 나는
황금 갈기를 흔들고 가는
사자보다 더 사나운 바람을 바라보았다

## 요지경 또는 프리즘
– 6. 자수공장 여사장 류씨

장안동 촬영소 고개 입구
서른 평 남짓 그녀의 공장은
철 이른 꽃밭이다

겨우내
연분홍 진달래꽃
노란 개나리꽃
지천으로 피워내더니
그녀의 수틀에는 벌써 한여름 매미가 운다

하지만 누가 알까
실타래에 색색으로 칭칭 감겨있는 사연
바늘대에 꿰어 꽃으로 피워내는 아픔

이제 그녀는
연분홍 진달래꽃은 1027번
노란 개나리꽃은 1006번
자기의 어릴 적 꿈이
연보라색 1150번이었다는 것도 안다

"내일은 양수리* 좀 데려다 주세요
실컷 욕이나 하다 오게요"

일감이 없어 기계가 멈춰서는 날에는
원망이 실뽀무라지처럼 날리기도 하지만
그래도 덕분에 아이들과 이렇게 먹고산다며
핼쑥하게 웃는다

통풍구로 들이치는 봄 햇살이
어두컴컴한 자수공장 안에 따뜻했다

* 양수리 : 경기도 양평군 양서면 양수리 일대 북한강과 남한강의 합류 지점. 인근 갑산공원에 신용헌 시인의 묘가 있다.

## 요지경 또는 프리즘
### – 7. 거리의 악사 옥씨 부부

붐비는 동서울터미널 앞
아직 냉기가 가시지 않은 교통섬 한 모퉁이
반 평 남짓 보도블록을 차지하고 앉아
남편의 손풍금에 맞추어 부르는
그녀의 마수걸이 곡은
"긴 밤 지새우고 풀잎마다 맺힌…"

남편은 곱사등에 청맹과니
아내는 곰보에 절름발이
사람들은 찰떡궁합이라커니 천직이라커니
빈정대지만, 그러거나 말거나 이어지는 곡은
"일송정 푸른 솔은 늙어 늙어 갔어도…"

몇 년 몇 해를 불렀을까
세월의 더께가 덕지덕지 묻어있는
닳고 닳은 가락, 그러나
칙칙 거리는 마이크에서 흘러나오는
그녀의 노랫소리는 언제나
음정 따로 박자 따로
그나마 장단을 맞춰주는 건

행인이 던져주는 동전 몇 닢

소슬바람에 실려 오는 노랫가락을 따라
짧은 하루해가 저물고
옥 씨 부부가 흰 지팡이를 더듬으며 돌아간 저녁길
썰렁해진 밤거리에 절규처럼 남는
영원한 엇박자 그녀의 곡은
"너라면 할 수가 있어 할 수가 있어…"

# 요지경 또는 프리즘

– 8. 여보 여보 룸싸롱 새끼마담 미스 오

해 떨어지자 네온불 화사한 거리에
그녀는 한 송이 요화妖花로 핀다

뇌살적인 눈매
오똑한 콧날
도톰해진 입술

어디 좀 더 깊숙이 더듬어볼까

생리식염수 덕에 풍만해진 젖가슴
지방흡입수술로 잘록한 허리
듣자하니 예쁜이수술에 양귀비수술까지

굳이 자연산이라며 우기는 그녀를
부티나게 하는 건 뭐니 뭐니 해도
웰빙 다이어트에 스킨케어로 잘 다듬어진
그녀의 어깨에서 거들먹거리는 초록색 루이비똥 가방
물론 짝퉁이다

화류계에서 알몸으로 자본주의를 익힌
그녀의 놀라운 경쟁력

잘 놀아도 3만 원
예뻐도 3만 원
맛있어도 3만 원

나는 원가계산이 되지 않는 룸살롱 한구석을 차지하고 앉아
황홀하게 리모델링된 그녀의 구조물과 인테리어
그리고 첨단 의술로 중무장한 그녀의 놀라운 진화를
넋을 잃고 바라보았다

여보, 나는 오늘 당신거야

## 요지경 또는 프리즘

— 9. 벽돌쌓기공 석씨 노인

가난이 싫어 열여덟 살에 집을 뛰쳐나와
공사판을 전전하다가
입에 풀칠이나 하자고 배운 짓이
벽돌 쌓는 일이었다우.
지금이야 타일시공이다 뭐다해서
한물간 기술이 되고 말았지만
그 당시엔 개발붐을 타고 일손이 딸리던 시절이라
돈벌이도 꽤 쏠쏠했으려니와 대접도 푸짐했다우
하루 거드름 좀 피울라치면
산동네까지 자가용으로 모시러올 정도였으니까.
거리마다 '새마을 운동' 노래가 울려 퍼지고
치솟는 빌딩숲을 바라보고 있자면
야, 이젠 정말 뭐가 되긴 되려나보다
우리 같은 무지렁이들도 막 힘이 나서
잠도 거른 채 일에 매달리곤 했다우
하기는 공장굴뚝에서 내뿜는 시꺼먼 연기조차도
흐뭇하게 바라보던 시절이었으니까.
돌이켜보면 세상 일이 공짜가 없다는 생각이우
이만큼 먹고 살게 된 것도 따지고 보면
결국 바꾸어먹기가 아니었나 하는 게요

밝은 햇살과 바꾸어 먹고
맑은 바람과 바꾸어먹고
푸근한 인심과 바꾸어 먹고.
결국 내가 평생 동안
손에 굳은살이 박이도록 쌓아 올린 벽돌은
비바람을 막아주는 집이 아니라
맹수를 막아주고 도적을 막아주는 울타리가 아니라
감옥을 만든 게 아니었나하는 게요
마을에 아파트촌이 들어서면서
이웃이 사라지고 가족이 흩어지고
모두들 독방에 갇힌 죄인처럼 살아가고들 있잖우.

## 요지경 또는 프리즘

– 10. 아파트 경비원 추씨

그가 요즈막에 하는 일은
최근 들어 부쩍 많아진 잡상인을 쫓는 일 말고도
아파트 마당에 널려진 낙엽을 쓰는 일이다

여름 끝 무렵부터 실실 떨어지기 시작하는
지친 벚나무 잎사귀에서
겨울이 다 지날 무렵까지 풀풀 날리는
미련 맞은 플라타너스 잎사귀에 이르기까지
허물어지듯 대책 없이 떨어지는 온갖 낙엽들을
쓸고 또 쓰는 일이다

한때는 그도
산들바람에 살랑살랑 흔들리던
푸르른 시절이 있었다던데
글쎄 왕년에 잘나가지 않은 사람이 있을까마는, 아무튼
놀던 가락 하나는 여전해서
자신도 낙엽이라는 걸 아는지 모르는지
그가 살아온 방식대로 열심히 그리고 충성스럽게
낙엽을 쓸고 있다

떨어지지 않으려 안간힘 하는
그나마 잎사귀들을 향해 앙갚음하듯
모진 장대질을 해대면서
이미 오래전에 구조조정 되어 버린 푸른 꿈들과
시도 때도 없이 떨어지는
그립고 아련한 추억들을 쓸고 있다

## 요지경 또는 프리즘
### – 11. 삼척 정씨 할머니*

"잎이 피네
우리 아들이 또 살아오는가베"

서른 줄에 먼저 세상을 떠난
큰 아들이 보고 싶을 때면 찾아온다는
추자楸子나무밭

"그렇게 나무를 좋아했어요
추자 열매처럼 야물딱졌지요
그러던 걔가 먼저 갈 줄 미리 알았는가
산비탈 가득 추자나무를 심어 놓고
저를 돌보듯 잘 키워달라고 부탁하고는
훌쩍 떠나버리더라고요"

생떼 같은 자식을 가슴에 묻고 살아온 지
어언 사십 년

"그동안 나 산 거는 말할 수도 없지마는
눈물로 키웠어요.
눈물로 가슴에 돋은 잡초들을 뽑고 살았어요

잡초를 뽑다보면 저만치 떠내려가 있고…"

아들 곁을 지키려 산골짜기를 떠나지 못하는
아흔 노모의 눈가에도 봄은 찾아와서
가지마다 새파란 그리움인데
금방이라도 어머니하며 밭두렁길을 달려올 것 같은데
겨울처럼 떠난 아들은 아무 말이 없다

* KBS 가정의 달 특집('15. 5. 7)으로 방영된 "한국인의 밥상 - 어머니의 부뚜막" 에 출연하신 삼척에 사시는 정옥남 할머니(91세)의 슬픈 이야기를 시로 옮겨오다.

# 요지경 또는 프리즘

– 12. 실내포장마차 단골집 차 사장

열두어 평이나 될까
가락 시영아파트 후미진 뒷골목
시유지에 무단으로 지어진
실내 포장마차 단골집은
그녀의 견고한 성채城砦다

리어카 수박장수로
아파트 공사현장 막인부로
구두공장 미싱사로
우체국 집배원으로, 심지어는
장소팔 고춘자 쇼에 내다 팔
만병통치약 제조공으로

별난 이력이 하나씩 쌓여갈 때마다
그녀의 가슴은
단단한 바위가 되고
무쇠가 되고
높다란 성벽이 되고

천석꾼의 아들로 동경유학을 다녀와
나름 세상을 바꾸어보겠다고 월북해버린

아버지에 대한 그리움은 아무래도 좋았다
세상물정 모르는 부잣집 외동딸로 태어나
끝내 자진해버린 어머니에 대한 미움도
신혼의 꿈을 갈기갈기 찢어버린
남편에 대한 원망까지도
그저 지긋지긋한 가난과 넌덜머리나는 불행을
내 한 몸으로 끝낼 수 있다면

책 한 권을 써도 모자란다는 인생역정
그러나 그녀가 써가는 드라마는 해피 앤딩이다
제 어미 고생 잊지 않고 훌륭하게 자라준 남매와
부지깽이 하나 물려준 것 없는 부모보다
애물단지로 살다 간 남편보다도 더 미더운
그녀만의 견고한 요새嶢塞가 있기 때문이다

일 년 삼백육십오 일
비가 오나 눈이 오나 하루도 거르는 법이 없이
땅거미가 가뭇가뭇해질 무렵이면
모노드라마 속의 주인공 단골집 차 사장은
트레이드마크가 되어버린 체크무늬 가방을 끌고
아파트 재개발로 부쩍 발길 뜸해진

엄마손백화점 네거리를 지나 골목길로 들어선다

처음 찾아주던 손님들이
장성한 아들딸의 손목을 잡고 다시 찾아온다는
그야말로 단골집
역사의 수레바퀴에 갈려 부서지고
세파에 휩쓸리고 찢겨졌어도
그녀의 주 메뉴는 변함없이
얼큼한 닭복음탕에 시원한 꽃게탕

사람들은 소주잔을 기울이며
덤으로 얹어주는 인심과
파란만장했던 삶을 걸쭉하게 풀어내는
그녀의 다큐멘터리로
잠시 삶의 고단함을 잊는다

‖ 뒤엣말 ‖

## 요즈음 내게 시詩란?

영락없는 지팡이다.
시즉지장詩卽之杖
그놈이 나를 부축하고 내가 이끌려간다.

참으로 아픈 시간을 건너 여기까지 왔다.
참혹한 실패와 지독한 절망
뼈아픈 후회와 때늦은 참회로 점철된
모진 시간을 견디며 여기까지 왔다.

지난 십 수 년의 글이다.
상징과 은유로 다가서기보다는 직설로
상상보다는 사실에
함축보다는 사설에 집착한 듯하다.
그동안 험한 삶을 살아낸 때문이리라.

첫 시집에서 나는 시를 '창문내기'라고 썼었다.
두 번째 시집에서 나는 시를 '꿈과 위로와 구원'이라고 했었다.
이제, 세 번째 시집에서 나는 시를 '지팡이'라 칭한다.

말 많은 세상에 말을 보탠다는 것이 부끄럽지만
시가 없이 지난 세월을 견딜 수 있었을까,
남은 세월을 꿈꿀 수 있을까,
지친 나를  일깨워 치유와 소생을 선물해준
나의 시들에게 감사한다.
잘 가거라, 나의 시여.

2016.  1.

가슴에 품고 떠날
또 한 권의 시집발간을 자축하며

# 탄천炭川을 걷는다

차승열 시집

발 행 일 | 2016년 1월 20일
지 은 이 | 차승열
발 행 인 | 李憲錫
발 행 처 | 오늘의문학사
출판등록 | 제55호(1993년 6월 23일)
주　　소 | 대전광역시 동구 대전로 867번길 52(삼성동 한밭오피스텔 401호)
전화번호 | (042)624-2980
팩시밀리 | (042)628-2983
홈페이지 | http://www.lito77.co.kr(홈페이지)
전자우편 | hs2980@hanmail.net

공 급 처 | 한국출판협동조합
주문전화 | (070)7119-1741~2
팩시밀리 | (031)944-8234~6

ISBN 978-89-5669-733-8
값 10,000원



* 이 책은 ㈜교보문고에서 E-Book(전자책)으로 제작 · 판매합니다.
* 잘못 제작된 책은 바꾸어 드립니다.